BRIEFING: A GESTÃO DO PROJETO DE DESIGN

Blucher

PETER L. PHILLIPS

BRIEFING: A GESTÃO DO PROJETO DE DESIGN

2ª edição

Título original em língua inglesa: *Creating the perfect design brief*
© 2012 Peter L. Phillips, Allworth Press
© 2016 Editora Edgard Blücher Ltda.
Tradução: Itiro Iida

Blucher

Rua Pedroso Alvarenga, 1245, 4º andar
04531-934 – São Paulo – SP – Brasil
Tel 55 11 3078-5366
editora@blucher.com.br
www.blucher.com.br

Segundo o Novo Acordo Ortográfico, conforme 5. ed.
do *Vocabulário Ortográfico da Língua Portuguesa*,
Academia Brasileira de Letras, março de 2009.

É proibida a reprodução total ou parcial por quaisquer
meios sem autorização escrita da Editora.

Todos os direitos reservados pela Editora Edgard Blücher Ltda.

FICHA CATALOGRÁFICA

Phillips, Peter L.
Briefing: a gestão do projeto de design / Peter L.
Phillips; tradução de Itiro Iida. -- 2. ed. -- São Paulo:
Blucher, 2015.

Bibliografia
ISBN 978-85-212-0951-5
Título original: *Creating the perfect design brief*

1. Planejamento da produção 2. Projeto de
trabalho I. Título II. Iida, Itiro

15-0885	CDD-658.5

Índices para catálogo sistemático:

1. Administração da produção

Dedico este livro a
Benjamin J. Phillips e
Rebecca L. Phillips

CONTEÚDO

Prefácio da segunda edição...13

Prefácio da edição brasileira 15

Agradecimentos...19

Introdução..21

    Não há fórmulas mágicas.. 22

Capítulo 1

O que é briefing de design?.. 25

    Formato do briefing 26

    Tamanho do briefing.. 27

    Ingredientes de um conceito criativo....................................... 27

    Quando é necessário o briefing?.. 33

    Arte *versus* design.. 34

    Designers não são decoradores 34

    Designers não são taxistas.. 36

    Briefing é diferente de proposta de projeto 37

    Diversos usos do briefing.. 38

Capítulo 2

Responsabilidades pela elaboração do briefing 41

    Cliente ou parceiro 42

    Responsabilidades compartilhadas... 42

    Nível dos participantes 43

    Início do processo.. 44

    Design é apenas uma parte do sucesso 47

    Os parceiros precisam entender-se mutuamente.................... 48

    Equipe do briefing... 49

Capítulo 3

Elementos essenciais do briefing 51

Natureza do projeto e contexto 52

Análise setorial 56

Público-alvo 60

Portfólio da empresa 62

Objetivos do negócio e estratégias de design 64

Objetivo, prazo e orçamento do projeto 66

Aprovação, implementação e avaliação 68

Informações de pesquisas 70

Apêndice 70

Algumas conclusões sobre os tópicos 71

Capítulo 4

Aprovação do briefing 75

Revisão final 76

O briefing aprovado 77

Soluções internas e externas 78

Capítulo 5

Usos do briefing 81

Aprovação nos diversos níveis hierárquicos 83

Avaliações 85

Público-alvo 86

Outras seções do briefing 86

Capítulo 6

Análise dos concorrentes 89

Acompanhamentos sistemáticos 90

Compilação do material dos concorrentes 92

Capítulo 7

Conquista da credibilidade e da confiança 95

Criação do valor 97

Reformulando grupos de design 98

Falando de valores..102

Exposição de design 104

Papel do design nos negócios 105

Difusão do design na empresa..107

Valiosas relações mútuas 109

Construção das parcerias..110

Implementando o trabalho colaborativo 111

Remuneração dos grupos internos de design.................................113

Exemplo de globalização..116

Credibilidade e confiança...118

Capítulo 8

Uso do briefing para a aprovação do projeto 121

O briefing como roteiro de apresentação.......................................123

Personalidade do aprovador final...124

Prováveis objeções..126

Apresentação feita por terceiros...128

Quando você não se sentir à vontade 129

Recomendação final sobre a aprovação..129

Capítulo 9

Gestão de design 131

Organização da gestão de design 131

Depoimentos de gerentes de design bem-sucedidos......................140

Como se deve proceder 145

Capítulo 10

Avaliação dos resultados..147

Bom design *versus* design efetivo 148

Avaliação dos resultados financeiros..150

Fase de avaliação 151

Capítulo 11

Propriedade intelectual..153

O design inovador...154

A proteção dos direitos de propriedade intelectual..........................154

Acompanhamento da PI durante o projeto de design.....................157

Pesquisa sobre o estado da arte...160

Os riscos potenciais 160

Geração de conceitos 161

Estudo de viabilidade...162

Desenvolvimento do produto..162

Comercialização 163

Capítulo 12
Exemplo de um briefing de design 165

Sumário executivo..166

Análise setorial..167

Análise do público-alvo 171

Portfólio da empresa..173

Objetivos dos negócios e estratégias de design.............................176

Objetivo, prazo e orçamento do projeto 178

Pesquisa das tendências...187

Apêndice 188

Capítulo 13
Superação de obstáculos 191

Dois tipos de obstáculos 191

Lidando com os obstáculos..194

Capítulo 14
Criando um plano para avançar...197

Faça um inventário 197

Aplique a fórmula PAR...199

O plano precisa ser mais específico..200

Encontrando a pessoa certa...201

Obstáculos ao planejamento 202

Formatação do plano de ação 202

Capítulo 15

Lições que aprendi ao longo da vida.. 205

    Seminários do DMI 207

    Usando o modelo como roteiro para as mudanças........................... 208

    Resumo das recomendações 209

Apêndice **213**

Bibliografia selecionada..**217**

Notas...**219**

Índice remissivo..**221**

PREFÁCIO DA SEGUNDA EDIÇÃO

Quando escrevi a primeira edição deste livro, não poderia imaginar o enorme interesse que o assunto sobre briefing de design despertaria em todo o mundo. A primeira edição foi traduzida para o espanhol, português e estoniano. Fui convidado para inúmeras conferências, seminários e *workshops* em vários países da América do Norte, América do Sul, Europa e Ásia. O livro foi adotado como referência em vários cursos de design e tive muitas citações elogiosas. Muitas empresas adotaram o sistema que proponho, quase todas com grande sucesso.

Após toda essa peregrinação, descobri que o assunto sobre briefing de design ainda não é adequadamente compreendido e utilizado. Descobri também uma grave lacuna no livro. Trata-se da importância, cada vez maior, da propriedade intelectual para o trabalho dos designers.

Para esta segunda edição, tive a colaboração de Joshua L. Cohen, sócio do escritório RatnerPrestia, especializado em propriedade intelectual. Conheci Joshua, há alguns anos, em um congresso sobre design. Naquela ocasião, fiquei impressionado pela habilidade dele em falar sobre aspectos legais complexos, em uma linguagem simples, para que os não especialistas, como eu, pudessem entender. Convidei-o para escrever o Capítulo 11 deste livro.

Também tive a sorte de conhecer Soren Peterson, PhD, que trabalhou durante muitos anos no Centro de Pesquisas da Universidade de Stanford. Ele estudou a aplicação dos briefings de design como instrumento para inovação em projetos de design. Suas descobertas de natureza quantitativa complementaram as minhas experiências qualitativas como gestor de design.

Nas duas últimas décadas, a atividade de design sofreu mudanças dramáticas devido às novas tecnologias, competição industrial acirrada, evolução da economia e novas práticas gerenciais e de negócios.

Contudo, apesar de todas essas mudanças, o briefing de design continua pouco conhecido e praticado, tanto entre os gestores como entre os projetistas em design. De acordo com as pesquisas de Soren Peterson, as causas alegadas para isso geralmente apontam para custos elevados, tempos demorados e o fato de "não fazer parte do nosso método de trabalho".

Todas essas desculpas não se justificam diante dos benefícios que o briefing de design pode proporcionar. A elaboração de um briefing de boa qualidade tornou-se crítica para se ter sucesso no mundo atual, cada vez mais complexo e competitivo.

Espero que esta segunda edição o ajude a elaborar corretamente os briefings de design, contribuindo para ter sucesso nos projetos de design.

PETER L. PHILLIPS

PREFÁCIO DA EDIÇÃO BRASILEIRA

Há pouca disponibilidade de material escrito sobre o briefing e sua importância para os projetos. Escrever sobre briefing implica abordar vários aspectos diferentes – e algumas vezes embaraçosos – relacionados ao processo de desenvolvimento de produtos e serviços. O briefing é uma etapa inicial desse processo, tendo influência durante todo o projeto. Envolve relações entre o demandante do projeto e projetista, podendo abranger diversas áreas, diferentes visões, recursos estratégicos, gerenciais e operacionais, além dos processos de comunicação. Peter Phillips aborda todas essas questões polêmicas neste livro.

O briefing é considerado pelo autor como parte do processo de desenvolvimento de produtos e serviços, em busca de inovações ou melhorias das organizações. Ao longo do livro são tratados os elementos que devem alimentar esse processo, as pessoas que devem ser envolvidas na sua elaboração e o modo de construí-lo adequadamente. Considera as peculiaridades de cada projeto, incluindo o ambiente comercial e competitivo, o volume de recursos envolvido e a frequência com que este é executado. O autor alerta: este não é um processo prescrito e nem existem fórmulas prontas.

Muitos projetistas alegam que o briefing não é compatível com a natureza subjetiva e a criatividade necessária ao design. Esses projetistas temem a perda de liberdade e da criatividade com o uso de um briefing estruturado, além de acharem que a formalidade espanta os clientes. Administradores alegam que não têm tempo e recursos para investir na sua preparação e que tudo será resolvido numa conversa rápida com um bom projetista. De fato, o briefing poderá ser abreviado ou dispensado em alguns projetos simples. Mas, em geral, proporcionará benefícios inegáveis quando for bem elaborado.

A criatividade em design só tem valor quando gera conceitos que resolvam o problema proposto. Isso começa pela compreensão e escolha da abordagem adequada em cada caso específico. Além disso, muitos problemas relacionados ao projeto são tratados apenas quando surgem. Essa abordagem emergencial dos problemas pode levar ao aumento dos custos e dilatação dos prazos. No processo de elaboração do briefing, todas as informações e decisões necessárias podem ser planejadas, evitando-se as surpresas desagradáveis. Com isso, pode-se evitar a perda de tempo e de recursos para refazer aquilo que saiu errado, uma vez que estes costumam ser bem maiores que aqueles necessários para iniciar o projeto com boa fundamentação.

O livro enfatiza os aspectos estratégicos do briefing, fazendo a intermediação planejada entre a demanda e a ação. Insiste na necessidade de se chegar a um documento escrito, expondo seus conteúdos básicos e a maneira de conduzir o projeto, processo que reflete a cultura da organização e as experiências das pessoas envolvidas.

O autor usa uma linguagem clara, direta e concisa – afinal, escreve sobre briefing –, fundamentada em sua vivência profissional. A partir da sua prática, descreve vários problemas que ocorrem durante o processo de "brifar" em sua área específica do design: o design gráfico e de embalagem. Apresenta suas opiniões e o encaminhamento das soluções, sem rodeios. As situações e estudos de casos apresentados são análogos aos do nosso contexto e aos diversos tipos de projetos em design.

Assim, este livro é recomendado para profissionais de todos os níveis organizacionais que trabalhem com projetos, tanto projetistas como não projetistas, incluindo os administradores e o pessoal de *marketing*. Também constitui importante subsídio aos estudantes que se preparam para entrar no mercado. Mesmo aqueles projetistas já experientes serão instigados a repensar as suas práticas de trabalho e o trato com seus clientes. O autor prefere chamar esses clientes de parceiros, recomendando que a construção do escopo do projeto deve ser compartilhada entre os demandantes e executores do projeto.

O autor usa uma metáfora para dizer que o projetista não deve comportar-se como um motorista de táxi: "Diga-me exatamente aonde você quer chegar e me pague que eu te deixarei no destino". Raramente o projetista tem a sorte de receber um briefing completo e bem direcionado, por escrito, indicando claramente o caminho a ser seguido e o ponto de chegada. Quando isso não acontecer, o projetista deve discutir o briefing com os demandantes até sanar todas as dúvidas. Essas dúvidas devem ser esclarecidas logo de início, antes que o projeto siga por caminhos tortuosos. Por outro lado, seus serviços não podem ser tabelados como no taxímetro, pois dependem das características de cada projeto e de seu respectivo contexto.

Phillips entende que as pessoas envolvidas em um projeto devem tratar o briefing como uma combinação entre um plano de negócios e uma estratégia criativa de projeto. Em outra metáfora, o autor argumenta que ele, como paciente de um tratamento médico, é a maior autoridade para descrever o que está sentindo, e seu médico é a maior autoridade na solução do problema. Assim, ambos são responsáveis pelo resultado do tratamento. Isso implica a troca de informações significativas e confiança mútua. Tanto o solicitante como o desenvolvedor do projeto devem entender que ambos fazem parte do mesmo problema. Este precisa ser analisado e formulado de maneira compartilhada para que seus objetivos sejam atingidos de forma convergente e satisfatória. Enfim, o briefing pode constituir-se em importante ferramenta para que uma organização possa atingir as suas metas estratégicas.

DR. CLÁUDIO FREITAS DE MAGALHÃES
Professor do Curso de Design
Departamento de Artes e Design da PUC-Rio

AGRADECIMENTOS

Alguns anos atrás, eu descansava em um hotel durante uma viagem de negócios, quando liguei a televisão, à noite. Estava passando um programa de jogos, envolvendo disputas entre vários participantes. Um desses participantes apresentou-se como designer gráfico. O animador do programa, sem saber o que significava ser designer gráfico, perguntou-lhe: "Isso exige algum tipo de formação?". Esse episódio demonstra certo desconhecimento sobre a profissão do designer, que exige um curso superior, muito treinamento e experiência para tornar-se um bom profissional. Eu mesmo já enfrentei muitas situações semelhantes.

Dificilmente teria conseguido escrever este livro trinta anos atrás, simplesmente porque não tinha experiência e conhecimentos necessários para tal empreitada. Recentemente, alguém me perguntou: "Quanto tempo levou para escrever o livro?", e respondi-lhe: "Cerca de trinta e cinco anos". Foi esse o tempo de estudos e experimentações até adquirir conhecimentos e maturidade suficientes, sendo apoiado, orientado e incentivado por inúmeras pessoas.

Recebi o maior incentivo dos meus pais, que logo reconheceram a minha aptidão para as artes. Eles me matricularam numa escola de artes quando eu tinha apenas dez anos de idade. Nessa escola, a minha professora, Sra. Brown, ensinou-me que "arte" não significa apenas desenhar bem. Sou eternamente grato à paciência e ao encorajamento que recebi dela desde cedo.

Depois, tive o privilégio de estudar design com professores como Paul Zalanski, Jerry Rojo, Bob Corrigan, Don Murry e Frank Ballard. Este último ensinou-me o que significa ser designer e viver dessa profissão, tendo contribuído decisivamente para moldar a minha consciência profissional.

Registro duas contribuições importantes que recebi recentemente. Uma delas de Joshua Cohen, um especialista em propriedade intelectual, autor de um dos capítulos deste livro. Outra, de Soren Peterson, que realizou pesquisas sobre a utilização de briefings em projetos de design em diversos países. Agradeço a ambos pelas contribuições dadas ao meu trabalho.

No mundo empresarial, tive a sorte de encontrar muitos não designers que consolidaram o meu entendimento sobre o papel do design nos negócios. Entre eles incluem-se Art Kiernan, Peter Jancourtz, John Dickman, John Babington, Dick Berube, John Sims, David Truslow, Mike Maginn, Bob Lee, Robin Aslin, James Manderson, Hein Becht, Paul Jaeger, Dick Pienkos, D. W. Johnson, Jim Speedlin, Coleman Mockler, Karl Speak, e especialmente Stephen A. Greyser, da Harvard Business School, meu professor, orientador e amigo.

Ao longo de muitos anos, tive o privilégio de conhecer e trabalhar com diversos gestores de design. Durante as discussões e, às vezes, em acalorados debates, essas pessoas me ajudaram a ter clareza sobre o significado do design e da gestão de design. Foram tantos que corro o risco de cometer omissões e injustiças. De qualquer modo, registro meus reconhecimentos a: Wally Olins, Tony Key, Jeremy Rewes-Davies, Rodney Fitch, Rick Marciniak, Peter Fallon, Fred Martins, Jim Aggazi, Yolanda Launder, Bonnie Briggs, Jon Craine, Steven Conlon, Bill Hannon, Roz Goldfarb, Fennemiek Gommer, Peter Gorb, James Hansen, Mark Oldach, Tony Parisi, John Tyson, Raymond Turner, Peter Trussler, Gary van Deursen e, por último, Earl Powell, ex-presidente do Design Management Institute.

Gostaria de continuar essa listagem, mas seriam centenas de nomes e o espaço disponível não o permite. Sou muito grato também a todos os participantes dos seminários e cursos que ministrei, pois sempre aprendi muito com os estudantes.

Finalmente, agradeço aos meus filhos Benjamin e Rebecca, que compreenderam as minhas frequentes ausências devidas aos compromissos profissionais, mas nem por isso deixaram de me apoiar e incentivar.

PETER L. PHILLIPS

INTRODUÇÃO

Quando fiz meu curso de graduação em design, nos anos 1960, o assunto briefing não fazia parte do currículo. Pelo que sei, ainda hoje, esse assunto é tratado superficialmente em nossas principais escolas. Ao menos, é isso que ouço com frequência nos seminários que tenho apresentado aos jovens estudantes.

Durante o curso, os professores nos passavam tarefas todas as semanas. Eram problemas de design, muito bem definidos, para resolver. Muita gente poderia argumentar que o enunciado desses problemas seria uma espécie de briefing. Contudo, a palavra briefing, propriamente, não era mencionada.

Alguns anos após a graduação, fui trabalhar como gerente de um pequeno grupo de design em uma empresa. Aprendi rapidamente que o briefing de design era preparado pelo pessoal de *marketing*, que o encaminhava pronto para o grupo de design, e nós deveríamos seguir essas especificações, sem questionamentos ou discussões. Frequentemente, esses briefings frustravam a mim e ao meu grupo de designers.

O briefing preparado pelo *marketing* raramente continha as informações necessárias para solucionar o problema de design. Além do mais, os prazos estabelecidos eram demasiadamente curtos. Para piorar as coisas, quase nunca tínhamos oportunidade de ter uma conversa franca com aqueles que tinham redigido o briefing. Em vez disso, deveríamos fornecer relatórios periódicos sobre a evolução do projeto ao "coordenador do projeto". Esse coordenador raramente conseguia sanar nossas dúvidas ou fornecer as informações adicionais que precisávamos.

Após essa experiência frustrante, comecei a interessar-me pelo assunto. Colecionei alguns artigos de revistas que falavam em briefings de design ou "*briefs* criativos", mas não consegui achar nenhum livro sobre o assunto. Até hoje, decorridos cerca de quarenta anos, ainda inexiste um livro que trate do assunto, e o tema continua a ser abordado apenas superficialmente nos melhores cursos de design.

Contudo, na vida prática, os briefings continuam a ser elaborados pelas empresas. Cada profissional ou empresa desenvolveu a sua própria fórmula, da melhor maneira possível, muitas vezes por tentativas e erros, procurando compilar as informações mais significativas em cada caso específico.

Alguns anos atrás, o Design Management Institute – DMI – organizou o Programa de Desenvolvimento Profissional. Pretendia-se qualificar os designers nas habilidades gerenciais. Foi feita uma pesquisa entre os sócios do DMI para levantar os tópicos que deveriam ser abordados nesse novo programa. O briefing apareceu entre os dez tópicos mais solicitados. Então, fui convidado para organizar um seminário sobre o assunto. Desde a publicação da primeira edição deste livro, fui solicitado para proferir inúmeras palestras, em vários países, e a organizar *workshops* em empresas. Em todos eles, a receptividade foi extremamente positiva.

NÃO HÁ FÓRMULAS MÁGICAS

É importante ressaltar que não apresento nenhuma fórmula mágica. Também não existe uma forma universal e pronta para se elaborar o briefing. Portanto, por favor, não esperem nenhuma "receita de bolo" para se elaborar o briefing. Isso simplesmente não existe!

Em vez disso, este livro apresenta os ingredientes que devem compor um briefing de boa qualidade. Também apresenta um processo de elaboração do briefing, de modo que o mesmo contenha informações significativas para todas as pessoas envolvidas no projeto de design. Esse processo deve ser de natureza estratégica, orientada para os objetivos da empresa. Portanto, isso envolve uma mudança de mentalidade dos designers, que devem pensar nos aspectos estratégicos de suas atividades.

É importante destacar, também, a existência da grande variedade de projetos de design. Em razão disso, cada tipo de projeto exige um conjunto de diferentes informações. Por exemplo, um briefing para elaboração de um catálogo impresso certamente exigirá informações sobre formatos e cores. Por outro lado, o briefing para um novo produto mecânico provavelmente exigirá informações sobre materiais e processos de fabricação. O briefing para uma embalagem deve conter informações sobre o seu conteúdo, materiais, forma de impressão, processo industrial de enchimento, armazenamento, e assim por diante.

Recentemente, constatei uma mudança dramática no conceito de design. Eu tenho um amigo designer que fotografa imagens onde aparece o termo design, no mundo todo. Ele me mostrou algumas dessas imagens, onde aparecem: Pizza designers; *Hair* designers (cabelos), *Nail* designers (unhas), *Insurance* designers (seguros), *Health* designers (saúde), e muitos outros. Parece que o termo é usado por todos, em todos os lugares. Contudo, faço uma abordagem mais restrita, envolvendo o design gráfico, design de embalagens e projetos de design industrial. Provavelmente serei pouco útil para os designers de pizzas, de cabelos ou de unhas.

Os leitores devem entender que essas diferenças impedem a elaboração de uma fórmula única. Além disso, cada empresa adota um procedimento diferente para resolver seus problemas de design. Assim, em cada caso específico, será necessário criar um conjunto próprio de padrões, processos e orientações para a elaboração do briefing. Este livro pretende ajudar os profissionais de design para que cada um crie o seu próprio método para a elaboração dos briefings, da forma mais efetiva possível.

CAPÍTULO 1

O QUE É BRIEFING DE DESIGN?

Durante os cursos que tenho ministrado sobre a elaboração dos briefings de design, verifiquei que as pessoas utilizam diversas denominações equivalentes, tais como "briefing criativo", "briefing de inovação", "briefing de *marketing*", "briefing de projeto", "especificação de projeto", "descrição de tarefa", e outras. Todas elas referem-se a um preceito escrito para orientar o desenvolvimento de um projeto envolvendo a aplicação do design.

A pior opção é a "descrição de tarefa". Esta, geralmente, resume-se a apenas uma página, contendo o título do projeto, prazo para término, orçamento, nome da pessoa ou do grupo que o encomendou e demais informações pertinentes em cada caso, tais como volume de produção, instruções sobre embalagens, distribuição e outras. A meu ver, esse tipo de descrição tem pouca utilidade para a elaboração do projeto.

Tenho visto com frequência a denominação "briefing de inovação", principalmente na Europa. Embora tenha um bom significado, infelizmente muitos empresários não consideram design como atividade inovadora ou mesmo estratégica. Eles só conhecem o design pelo lado superficial e decorativo.

FORMATO DO BRIEFING

Infelizmente, não há uma fórmula única e universal para o briefing de design. Tenho visto bons briefings descritos em texto corrido e outros organizados por itens. Cada vez mais está se popularizando um programa de computador onde aparecem certos quesitos, seguidos de espaços em branco para serem preenchidos. Eu já vi excelentes briefings formatados em PowerPoint, para apresentações projetadas.

Você pode usar diversos formatos, de acordo com o tipo de trabalho a ser desenvolvido (design de produto, design gráfico, *web*, embalagens e outros). Cada empresa também tem uma preferência própria. Naturalmente, o formato influencia a facilidade de leitura e de acompanhamento. O mais importante é que o briefing contenha todas as informações relevantes aos interessados no projeto. Além disso, deve ser disponibilizado em papel e em meio eletrônico.

Durante anos, afirmei que a elaboração de um programa de computador para o briefing era o grande desafio para os designers. Ironicamente, constatei que eles já desenvolveram esses programas na maioria dos casos. Contudo, há casos em que os formulários são mal projetados e não são preenchidos corretamente. As reclamações mais comuns são de muitos espaços deixados em branco, sem preenchimento ou preenchidos com informações genéricas ou incompletas. Um exemplo típico disso é o campo denominado "Público--alvo" preenchido com "Consumidores". Para mim, isso acrescenta pouca informação útil para o projeto, porque seriam necessárias informações mais específicas sobre as características desses consumidores.

Portanto, não se deve desprezar a busca do melhor formato para cada empresa. Isso pode demorar, exigindo diversas experimentações, até se chegar a um formato considerado adequado por todos os envolvidos. Pela minha experiência, ainda prefiro o briefing em texto corrido e, em segundo lugar, aquele organizado por itens.

TAMANHO DO BRIEFING

Muito se discute sobre o tamanho adequado de um briefing: "Que tamanho deve ter o briefing?" A resposta imediata a essa pergunta é: o tamanho necessário. Grande parte dos participantes dos meus seminários tem dito que recebe recomendações para preparar o briefing da maneira mais concisa possível. Essa não é uma orientação correta, pois a forma correta é preparar o briefing da maneira mais completa e útil possível. O tamanho do briefing será consequência da complexidade do projeto e das especificações necessárias em cada caso. Portanto, o que importa não é a dimensão, mas a clareza e a utilidade do briefing para orientar o desenvolvimento do projeto.

INGREDIENTES DE UM CONCEITO CRIATIVO

Kim Zarney[1], diretor da Zarney Creative, um escritório de projeto de embalagens, escreveu o artigo "The Core Creative Concept in Branding: a Streamlined Approach", publicado no *Design Management Journal* (outono de 2002), comparando o briefing com ingredientes de uma receita. Eu tenho adotado esse artigo como motivação para discussões nos seminários que coordeno.

Aprecio também a abordagem desse autor considerando o briefing como ponto de partida para a descoberta de conceitos criativos. Obtive autorização dele para reproduzir uma parte do artigo, principalmente pelo fato de: 1) ser um depoimento de uma pessoa que atua na prática, falando sobre a importância de se elaborar o briefing como uma atividade prévia ao projeto; e 2) comprovar que o tempo gasto na elaboração de um bom briefing é altamente compensador.

> ## Trechos do artigo "The Core Creative Concept in Branding: a Streamlined Approach", de Kim Zarney
>
> Aqueles que apreciam cozinhar sabem que o segredo para se preparar um bom prato é ter todos os ingredientes pré-preparados. Por exemplo, para se preparar um cozido de carnes e legumes, cada in-

grediente deve ser colocado na panela no seu devido tempo. É uma forma divertida e fácil de cozinhar, mas você deve estar preparado.

Fazer a introdução bem-sucedida de um programa de embalagem em uma empresa moderna é como preparar um cozido. Há urgência – tudo parece prioritário e muita coisa deve ser feita ao mesmo tempo. A pressão para alcançar resultados é confrontada continuamente com orçamentos limitados, exigências dos distribuidores, prazos de produção e prazos de entrega. Há pressão para certificar-se de que o projeto da embalagem será adequado. Ao mesmo tempo, com a concorrência cada vez mais acirrada, é necessário produzir uma mensagem capaz de chamar a atenção do consumidor.

A melhor forma para alcançar todos os objetivos é partir de um conceito central que sirva de guia para direcionar a criação. Pense como se fosse um mapa de navegação. Em primeiro lugar, é necessário definir claramente o conceito daquilo que se quer comunicar. Isso serve para se desenvolver uma mensagem clara e simples, capaz de provocar impacto na mente do consumidor. Quanto mais específica for essa mensagem, maiores serão as chances de se alcançar os resultados desejados.

As propagandas impressas sempre usaram esse recurso. Elas são capazes de contar uma história apenas com uma imagem visual de impacto, sem necessidade de explicações adicionais. O impacto visual vem primeiro e, depois, o prazer intelectual. O mesmo acontece com as embalagens, embora sejam mais complexas que uma simples página impressa. Em todos esses casos, procura-se aproveitar a oportunidade para contar uma pequena história, a fim de estabelecer uma conexão emocional com o consumidor.

Os ingredientes

Para preparar um prato especial, você deve encontrar a receita certa que liste todos os ingredientes, que contenha as instruções de preparo e as demais informações necessárias. Isso vale também para organizar as especificações de um projeto de embalagens.

O processo começa com a revisão dos briefings de design e de *marketing*, verificando aquilo que você deve realmente fazer. Com isso, organiza-se a lista dos ingredientes, ou seja, o que você deverá fazer. Analisando-se essa lista de ingredientes e combinando-a com as suas próprias observações de mercado, pode-se chegar ao como fazer. O resultado final dessas análises será um briefing por escrito, compatibilizando os objetivos do projeto com os objetivos da empresa. Isso servirá de guia para conferir os seus passos durante o desenvolvimento do projeto.

Há muitos benefícios em organizar o briefing por escrito, em vez de apenas falar sobre ele. O documento escrito pode ser divulgado entre as pessoas envolvidas no projeto de forma rápida e uniforme, enquanto a instrução verbal pode ser demorada, perecível no tempo e sofrer distorções na passagem de uma pessoa para outra. A perfeita sincronia de informações entre os membros da equipe é essencial para se garantir celeridade do processo. Essa rapidez é um fator importante no atual mundo dos negócios. Chegar mais cedo ao mercado pode proporcionar importantes vantagens competitivas.

Os parâmetros do projeto

Para se construir um conceito criativo é necessário revisar os parâmetros do projeto, representados pelas restrições que condicionam o trabalho. O primeiro deles é o prazo final ou tempo disponível para se apresentar a solução. Isso determinará a "margem de manobra" para a busca de soluções. Por exemplo, no desenvolvimento de embalagens, talvez seja necessário usar diferentes tipos de materiais, cada um deles de fornecedores distintos, com prazos de entrega diferenciados, que devem ser compatibilizados com o seu prazo final.

Outro parâmetro é constituído pelos requisitos técnicos de produção e distribuição. Aqui podem surgir vários conflitos entre o projeto de design e a produção industrial. Muitas vezes, a implementação de um projeto exige adaptações das máquinas e investimentos adicionais em ferramentas e dispositivos. Para evitar surpresas, é aconselhável ter um conhecimento prévio das restrições físicas e do maquinário. Assim, devem ser analisadas as modificações necessárias no aparato produtivo para cada alternativa proposta. Além disso, como tudo isso é muito dinâmico, você deverá estar certo de que dispõe das informações mais recentes. Procure tirar vantagens dessas restrições, em vez de brigar com elas. Talvez seja possível fazer pequenas mudanças no projeto para aproveitar melhor as instalações existentes.

Após determinar o prazo e as restrições técnicas, chega a hora de verificar o orçamento disponível para o projeto. É necessário conhecer o orçamento disponível antes de começar o projeto, mesmo sabendo que a criatividade nem sempre depende de grandes investimentos. Esse conhecimento prévio dos recursos financeiros é importante para não gerar falsas expectativas e evitar explorações desnecessárias. Em cada passo, é importante saber quanto se pode gastar, para que os objetivos sejam efetivamente alcançados.

Muitos projetos são iniciados sem uma definição clara destes três parâmetros: prazo, requisitos técnicos e orçamento. Contudo, vale a pena gastar um pouco de tempo e esforço para que eles fiquem claramente estabelecidos, *a priori*, por escrito. Isso poderá evitar muitas dores de cabeça no futuro, além de permitir melhor coordenação do trabalho dos membros da equipe de projeto.

Revisão das oportunidades

O passo seguinte consiste em rever as oportunidades de criação contidas no briefing. Antes de começar a gerar conceitos, deve haver um claro entendimento, entre todos, sobre duas questões fundamentais: Por que se desenvolve o projeto? Quais são os resultados que se pretende alcançar? O conceito criativo a ser desenvolvido deve refletir esses dois pontos. Muitas vezes, na pressa de produzir resultados, essas questões fundamentais são esquecidas e a solução apresentada não resolve o problema real.

Você deve ter também um conhecimento muito bom sobre o público-alvo do produto. Embora muitos fabricantes vendam para os grandes atacadistas, o sucesso do produto dependerá de sua aceitação pelos consumidores finais. O projeto de design deve conter características que consigam atrair esses consumidores, a fim de influenciar sua decisão de compra.

Cada classe de consumidores valoriza um determinado conjunto de características do produto, o que quer dizer que eles têm necessidades e desejos próprios. Assim, a equipe de design deve incorporar ao máximo essas características ao produto, para que ele seja considerado satisfatório. Além disso, é bom saber como o consumidor interage com o produto após comprá-lo. Essa análise e acompanhamento pós-venda podem fornecer informações importantes para o aperfeiçoamento futuro do produto.

O acompanhamento pós-vendas pode ser feito pela internet. Os consumidores devem ter acesso às informações adicionais *on-line* sobre o produto. Se for o caso, devem-se apresentar instruções detalhadas sobre instalação, uso e manutenção desses produtos. Por exemplo, disponibilizar a lista de oficinas autorizadas para consertos ou venda de peças. O uso criativo dessa mídia pode contribuir para adicionar valor ao produto e fidelizar os consumidores.

As embalagens contendo instruções claras sobre informações adicionais disponíveis *on-line* podem ser uma grande vantagem sobre os concorrentes. Contudo, essas informações devem estar acessíveis, sem a necessidade de percorrer caminhos longos e complicados até se encontrar a informação desejada. O ideal é colocá-las em formato de *links* na página eletrônica da empresa.

Análise dos concorrentes

Antes de começar a projetar, é aconselhável analisar os produtos concorrentes, para obter respostas a questões como: Quais são as oportunidades para se projetar um produto mais competitivo? O que está funcionando bem? O que não funciona? Que mensagens se pretende passar? Que mensagens devem ser evitadas? Como o produto será percebido? Qual é a "personalidade" que se quer dar ao produto? As respostas a essas questões podem ajudar o projetista a coletar elementos, formar opiniões e produzir *insights* para a criação do novo produto. Naturalmente, não será possível fazer essa análise no caso de produtos inéditos no mercado.

O principal objetivo é produzir algo diferente aos olhos do consumidor. Sabemos que os consumidores são seduzidos por produtos que satisfaçam seus desejos e suas necessidades. O projeto deve basear-se em um conjunto de características visuais que atraiam a atenção dos consumidores. No caso das embalagens, elas frequentemente atuam como únicos intermediários entre o produto e o consumidor. É importante que a embalagem apresente corretamente as qualidades de seu conteúdo e que possa causar uma impressão favorável logo no primeiro contato.

Kim Zarney conclui o artigo apresentando um estudo de um caso desenvolvido em seu escritório, a fim de ilustrar as colocações feitas. Não o incluo aqui, mas recomendo a sua leitura. A cópia completa pode ser obtida no *site* do DMI, *www.dmi.org*. Concordo com todas as colocações de Zarney, com uma única exceção. Ele fala de dois briefings: o briefing de design e o briefing de *marketing*. Eu costumo juntá-los em um único briefing. Embora as colocações dele sejam direcionadas ao projeto de embalagens, acho que podem ser generalizadas para todos os projetos de design.

QUANDO É NECESSÁRIO O BRIEFING?

Será que todos os projetos de design exigem um briefing? Absolutamente não! Alguns projetos pequenos, rotineiros e rápidos não necessitam de um briefing formal. No design gráfico, por exemplo, a simples atualização de uma lista de preços não exige um briefing.

Contudo, o briefing é útil em quase todos os projetos de design. E, por favor, anotem: o briefing deve ser escrito, e não verbal. As desculpas mais frequentes que tenho ouvido para não se fazer um briefing formalizado são a curta duração do projeto e o fato de que o briefing limitaria a criatividade. Não concordo com isso, pois o modelo de briefing que tenho proposto ajuda a estimular a criatividade. Além disso, o briefing contribui para abreviar o tempo para se concluir o projeto.

Esclarecendo melhor: tenho observado que os briefings verbais geralmente tendem a alongar o tempo necessário para a conclusão do projeto, principalmente aqueles de natureza mais complexa. Esses briefings não escritos provocam mal-entendidos, confusões, discussões e confrontações. Muitas vezes, as soluções apresentadas não são exatamente aquelas desejadas.

Durante anos, tenho ouvido muitas desculpas dos designers e coordenadores de projetos, tais como: "eles não me entenderam", "eles exigem o que não foi combinado", "eles não me deram tempo suficiente", "eles não me deram verba suficiente", "eles tolheram a minha criatividade" e "eles não acreditam no design". Minha resposta para isso é que "eles" deveriam ser substituídos por "nós". É falha "nossa" se "eles" não conseguiram entender, não concederam tempo suficiente ou verba suficiente e assim por diante. Nós não tivemos competência para explicitar claramente as nossas necessidades ou objetivos.

Faz parte das atribuições do designer ter ideias e convencer as pessoas. E, sobretudo, mostrar as vantagens do design para os demais dirigentes da empresa. Antes de pensar em criar briefings perfeitos, precisamos aprender a falar sobre os aspectos estratégicos do design, desfazendo conceitos errôneos como a associação do design com arte decorativa.

ARTE *VERSUS* DESIGN

Aprendi, há muitos anos, a evitar a palavra "arte" no mundo dos negócios. Em muitas empresas em que trabalhei encontrei unidades chamadas de Departamento de Arte, Diretoria de Arte e assim por diante. Eu imediatamente tomava a providência de mudar os nomes para Departamento de Design ou Diretoria de Design, substituindo a palavra arte por design.

Para muita gente, artista é uma pessoa preocupada apenas com a auto--expressão, sem maior comprometimento com o público-alvo e o mercado. Por exemplo, um artista plástico, pintando uma paisagem, tentará retratar aquilo que está vendo. Ele usará as tintas, cores e formas que melhor expressem aquela paisagem, sem preocupar-se em agradar a ninguém em particular. Posteriormente, se alguém gostar do quadro, poderá comprá-lo, mas isso é uma coisa que acontece mais ou menos ao acaso.

Se não me engano, foi o grande designer Paul Rand que disse "design é uma disciplina que soluciona problemas". Se definirmos design dessa forma, o ponto de partida para qualquer trabalho de design deveria ser justamente o perfeito conhecimento do problema a ser solucionado. Sem essa clara definição do objetivo, corre-se o risco de andar em círculos, sem avanços significativos na direção desejada.

Muitas vezes, os dirigentes de empresas confundem design com arte ou serviços decorativos. Os designers são chamados quando o projeto já está definido, apenas para dar um toque final, a fim de "embelezar" o produto. Designers que se prestam a esse tipo de serviços decorativos não são considerados estratégicos, mas apenas habilidosos desenhistas. Eu tenho feito um grande esforço para mudar essa imagem do designer ligado às artes, pois creio que esse não deva ser o principal foco do trabalho dos designers.

DESIGNERS NÃO SÃO DECORADORES

Durante minhas aulas, tenho pedido aos designers que tragam exemplos de briefings de design que eles já encontraram. Na maioria dos casos, estes foram preparados pelo pessoal de *marketing* ou de engenharia, descrevendo o que eles esperam da função de design. Reproduzo, abaixo, exemplo de um briefing preparado pelo gerente de *marketing* de uma grande empresa produtora de utensílios domésticos.

> "Nossa pesquisa de mercado descobriu que muitos jovens norte-americanos de 20 a 30 anos estão tomando chá. Isso acontece principalmente nos *campi* universitários. A mudança de hábito dessas pessoas, substituindo o café pelo chá, representa uma oportunidade para a nossa empresa lançar uma chaleira especialmente desenhada para esse público-alvo.
>
> Decidiu-se que essa chaleira deverá ter características atraentes aos jovens. Deverá ter aparência masculina. Para diferenciar-se de outras chaleiras, as formas arredondadas serão substituídas por linhas angulosas. O acabamento deverá ter aparência metálica, lembrando aço inox ou cromado. A alça deve permitir uso confortável por uma mão masculina. O bico também deve ter uma aparência tipicamente masculina".

Seguiam-se outras informações sobre dimensões, embalagem, prazos, orçamento e assim por diante. Contudo, os dois parágrafos acima são os mais significativos. As especificações apresentadas para o projeto de design dizem exatamente o que se deseja, mas não explicam por que certas características são desejadas. Quem redigiu esse briefing certamente considera os designers como pessoas que simplesmente executam os desenhos de acordo com as especificações do *marketing*.

Soube que essa especificação foi apresentada a um pequeno escritório de design, solicitando uma proposta de desenvolvimento do projeto. Os representantes da empresa foram recebidos por uma jovem designer, que fez diversas perguntas. A mais importante foi: "Podemos explorar outros conceitos criativos para o problema?" A resposta direta foi: "não". Os executivos da empresa explicaram que estavam apressados em lançar o produto, e o pessoal de *marketing* já tinha traçado todas as características que o produto deveria apresentar. Você já esteve em uma situação semelhante?

Esse é um exemplo típico de briefing elaborado por não designers, que desconhecem o potencial do design para resolver problemas, e retrata a visão típica de muitas empresas que consideram o design apenas como elemento decorativo. Elas não consideram o design como assunto estratégico. As decisões estratégicas são tomadas em outros setores, reservando-se, ao design, apenas o desenho final do produto. Lembro que a pessoa que trouxe esse exemplo para a aula resolveu não apresentar a proposta para o desenvolvimento do produto solicitado.

DESIGNERS NÃO SÃO TAXISTAS

Durante anos, viajei muito pelo mundo. Quando chego a um aeroporto, costumo encontrar uma fila de táxis disponíveis para me levar ao hotel. Tudo que tenho de fazer é escolher um deles, informar meu destino e pagar a conta ao final da corrida. É uma solução direta e sem maiores compromissos.

Contudo, preferiria ser atendido por um consultor de transportes. Frequentemente, encontro balcões de informações com centenas de *folders*, mas nenhum deles conversa comigo. Em vez disso, gostaria de ter a oportunidade de explicar as minhas necessidades a um consultor de transportes. Tenho diversos compromissos, premência de tempo, orçamento limitado e outros requisitos, que gostaria de expor a esse consultor, para que ele me apresentasse a melhor solução. Ele poderia me apresentar diversas opções. Por exemplo, um táxi poderia me levar diretamente ao destino, mas é mais caro que um transporte coletivo. O coletivo seria mais barato, contudo, pode ser mais demorado e não me deixaria exatamente no destino desejado. Aí precisaria cotejar o tempo gasto, a minha disponibilidade financeira e se estaria disposto a caminhar três a quatro quadras até chegar ao meu destino.

Fiz essa analogia para dizer que muitos designers estão satisfeitos em agir como taxistas. "Diga-me exatamente para onde você quer ir, pague-me e o deixarei no seu destino". Eles simplesmente atendem a uma encomenda pontual. Gostaria que os designers atuassem de outra forma. Preferiria que eles se comportassem como consultores de transporte. Ou seja, o processo de elaboração do briefing de design deveria ser feito de forma interativa com os dirigentes da empresa. Isso pode fazer uma grande diferença.

Tenho também certas restrições ao uso do termo "serviço". No meu modo de pensar, quando alguém diz que lhe presta serviço, eu imediatamente penso que devo pagar. Além disso, se alguém me presta um serviço pelo qual estou pagando, tenho o direito de exigir aquilo que quero.

Afinal, os designers prestam serviços? Em certo sentido, claro que sim! O diretor de uma empresa também presta serviço, mas não denominamos o seu escritório de "Serviços de Diretoria". Tenho aconselhado os meus alunos a evitar o uso de termos como "serviços criativos", "serviços gráficos" e outros semelhantes. Se você quer ser valorizado pela sua competência em assuntos estratégicos, não seja um prestador de "serviços", torne-se um parceiro na solução de problemas.

BRIEFING É DIFERENTE DE PROPOSTA DE PROJETO

Muitas empresas confundem proposta de projeto com briefing. Não se tratam da mesma coisa, pois o briefing tem um sentido mais abrangente, podendo incorporar outras informações além daquelas contidas na proposta.

A proposta de projeto geralmente é feita por empresas que não têm equipes internas de design. O objetivo desse documento é reunir, preliminarmente, as informações básicas sobre um projeto para serem levadas para um grupo externo de design. Por sua vez, esse grupo faz um detalhamento mais elaborado, descrevendo a metodologia, recursos necessários, prazo e orçamento. Um briefing de design de boa qualidade deve conter informações mais específicas e estratégicas. Além disso, o mesmo deve ser preparado de forma colaborativa entre o solicitante e o grupo de projeto, após diversos entendimentos sobre a natureza desse projeto, forma de executá-lo, prazos e recursos disponíveis.

Encontrei também grupos internos de projetos que são solicitados para responder a propostas de projetos. Isso pode ocorrer quando a empresa ainda não decidiu se o projeto será desenvolvido pela equipe interna ou por um escritório externo. Se você for dessa equipe interna, deve responder à proposta como se fosse de um grupo externo. Caso você seja designado para desenvolver o projeto, deve incorporar as demais informações para transformar a proposta inicial em um briefing adequado.

Muitas propostas consistem simplesmente no preenchimento de um formulário. Isso não pode ser considerado como briefing porque não houve o diálogo necessário entre o solicitante e o grupo de design. Normalmente, após a definição do grupo de design, seja ele interno ou externo à empresa, devem ocorrer reuniões presenciais para se discutirem os detalhes do projeto e dirimir eventuais dúvidas. Isso é muito diferente da simples troca de correspondências ou e-mails. Os detalhes, acordados entre as partes, podem ser adicionados à versão final do briefing para serem aprovados por todos os interessados. Se for necessário, deve ser assinado algum tipo de contrato formal entre as partes.

DIVERSOS USOS DO BRIEFING

O briefing tem diversos usos: serve como acordo ou contrato formal entre as partes envolvidas no projeto; serve como roteiro a ser seguido durante o desenvolvimento do projeto, definindo as várias etapas intermediárias desse projeto; e serve para elaborar um cronograma, estabelecendo os prazos para cada uma dessas etapas. Os briefings de design devem incluir também informações sobre a estratégia da empresa e estratégia do design. De fato, é útil considerar o briefing de design como parte do planejamento estratégico da empresa.

Os gerentes não designers aprendem a elaborar planos estratégicos de negócios nos cursos de administração. Com esse tipo de conhecimento, eles se acham capazes de elaborar também os briefings de design. Há uma lacuna entre esses gerentes e designers. Os gerentes pensam em termos comerciais, não entendem de design e acreditam que os designers não entendam de estratégia de negócios. Por outro lado, os designers dominam o projeto, mas não possuem conhecimentos estratégicos sobre os negócios.

Para que a profissão de design adquira um caráter estratégico, seria necessário aos designers aprender a pensar também em termos estratégicos, dominando a linguagem dos negócios. Há muitos livros ensinando a elaborar planos de negócios, e os designers devem esforçar-se para dominar esse tipo de conhecimento a fim de capacitar-se a elaborar briefings, abrangendo tanto os aspectos de design como os econômicos e comerciais.

O briefing de design é também um ótimo instrumento de acompanhamento e avaliação. Durante o desenvolvimento, serve para conferir se os trabalhos estão evoluindo satisfatoriamente. Isso é particularmente válido se houver necessidade de elaborar relatórios parciais e de prestar contas aos gerentes não designers. Ao final do projeto, pode-se verificar se os resultados alcançados foram satisfatórios e se todos os aspectos previstos foram realmente atingidos.

CAPÍTULO 2

RESPONSABILIDADES PELA ELABORAÇÃO DO BRIEFING

A elaboração do briefing de design exige a definição prévia do tema a ser desenvolvido e a identificação do grupo que fará o projeto. Antes disso, é necessário definir o "dono" do projeto. Quem pagará as despesas? Quem tomará as principais decisões? De quem será o mérito, se o projeto for bem-sucedido? Se falhar, a quem caberá o ônus?

A meu ver, um projeto de design deve ter corresponsabilidades. De um lado, alguém que represente a demanda ou aquele que faça a encomenda do projeto. De outro, aqueles que atendam à demanda e desenvolvam o projeto. Eles devem compartilhar as responsabilidades sobre o projeto. Devem ser parceiros, não se limitando às simples relações do tipo compra/venda de serviços.

Os dois lados envolvidos, demandantes e projetistas, não devem comportar-se apenas como compradores e fornecedores de serviços, mas como parceiros de um empreendimento com objetivos em comum e responsabilidades compartilhadas. Se ocorrer desvios, ambos os lados devem sentar-se à mesa para verificar as suas causas e propor soluções, em vez de ficarem se acusando entre si.

CLIENTE OU PARCEIRO

Muitos designers usam excessivamente o termo "cliente". "Meu cliente é muito exigente", "meu cliente é conservador", "meu cliente não valoriza o design." São frases que denotam o tipo de relacionamento antagônico entre demandantes e designers. Ou seja, de um lado "eles" e, do outro, "nós". Por que não podem ser parceiros? Por que não compartilhar as responsabilidades?

Nas minhas atividades de consultoria, tenho feito o possível para não usar o termo "cliente", substituindo-o por "parceiro" na execução de projetos. A rigor, eles realmente são meus clientes. Contudo, prefiro que eles não me considerem como simples prestador de serviços, mas como parceiro deles na solução de problemas.

Como a maioria de nós, eu também tenho um médico pessoal. Eu poderia ser considerado simplesmente como seu cliente. Eu agendaria uma consulta e pagaria pelos seus serviços. Ele poderia me dar uma receita para proporcionar um alívio imediato, mas não resolveria o meu problema de saúde a longo prazo. Ele poderia ser um grande especialista, que consegue diagnosticar um problema mais complexo a partir dos pequenos sintomas. Nesse caso, precisamos ser parceiros. Eu precisaria confiar nele e fornecer todas as informações necessárias para a formulação do diagnóstico correto. Sem isso, o médico provavelmente não poderia me indicar o tratamento correto.

O mesmo acontece com os projetos de design. Precisamos desenvolver uma relação de confiança mútua, para que os demandantes se tornem parceiros e não apenas clientes ocasionais. Com isso, conseguiremos realizar projetos maiores e mais criativos, com resultados muito mais significativos e duradouros.

RESPONSABILIDADES COMPARTILHADAS

Para mim, é inconcebível que alguém, com um problema de design, simplesmente elabore um briefing e me encaminhe para a sua execução. Também é inconcebível que alguém escreva um briefing unilateralmente, sem considerar o vasto conhecimento que o parceiro pode ter. Assim, decidi, há muitos anos, que a elaboração do briefing deve envolver pelo menos dois interessados: o lado do demandante pelo projeto e, do outro, alguém representando o projetista.

Em alguns casos, pode haver um terceiro interessado. Isso ocorre nas situações societárias nos negócios. Por exemplo, duas empresas aéreas que se juntam para um acordo operacional. Cada uma delas preserva a sua identidade corporativa, mas resolvem, juntas, explorar o mesmo mercado, de forma compartilhada. A elaboração do briefing dos materiais de divulgação para fazer propaganda desses produtos compartilhados provavelmente contará com a participação dos três interessados, incluindo representantes das duas linhas aéreas, além do grupo de design. Contudo, geralmente há dois participantes, um representando o demandante, e outro, o projetista.

Embora recomende esse compartilhamento das responsabilidades na elaboração do briefing, não vejo necessidade de grandes comissões, tampouco uma comissão de design. Uma comissão numerosa pode diluir responsabilidades e estabelecer o caos. Assim, recomendo que o briefing seja elaborado por duas pessoas. Eventualmente por três ou mais quando houver participação societária nos negócios. O grupo responsável pelo briefing deve fornecer as informações necessárias e tomar as decisões pertinentes, mas não deve necessariamente escrevê-lo.

NÍVEL DOS PARTICIPANTES

O nível dos participantes na elaboração do briefing pode variar, dependendo do objetivo e importância do projeto para a empresa. A administração superior deve ser envolvida no caso de um relatório anual para os acionistas ou no lançamento de um produto inédito. Por outro lado, projetos rotineiros podem ser decididos pela gerência intermediária, especialistas em *marketing* e coordenadores de projetos de design. Isso inclui, por exemplo, modificação de um catálogo existente ou redesenho de um produto. Contudo, independentemente do nível dos participantes, o processo de elaboração do briefing continua o mesmo, em essência.

Muitos escritórios de design empregam especialistas em negócios ou gerentes de projeto, que não são propriamente projetistas. São eles que elaboram os briefings junto com os demandantes. Nada tenho contra isso, desde que os mesmos conheçam design, o seu processo de trabalho e as informações de que os projetistas necessitem. Já encontrei gerentes muito eficazes nas negociações e na coordenação dos trabalhos de projeto. Contudo, alguns negociadores entendem pouco de design. Na minha opinião, colocando-se esses intermediários entre os demandantes e a equipe de projeto, podem surgir mal-entendidos, prejudicando os trabalhos. De preferência, os designers deveriam ter contato direto com aqueles que demandam os seus serviços, sem recorrer a intermediários.

INÍCIO DO PROCESSO

Em primeiro lugar, deve-se marcar uma reunião para esclarecer todas as dúvidas antes de começar a colocar as "mãos na massa". O mais importante é que o objetivo do projeto seja entendido claramente por todos. As questões mais importantes são:

- Quais são os objetivos básicos do projeto?
- Por que esse projeto tornou-se necessário? Por que agora?
- Que resultados mercadológicos são esperados?
- Quem assume as responsabilidades pelo projeto?

Em muitos casos, esses aspectos não constam ou são colocados de modo vago na proposta. Essa é uma das razões para não se aceitarem simples propostas de projeto antes que elas sejam detalhadas e transformadas em briefings.

Para mim, seria muito difícil começar a trabalhar em um projeto sem que todos esses aspectos fossem esclarecidos. Fico arrepiado só de pensar nos projetos que são iniciados sem esses entendimentos iniciais, pois corre-se um grande risco de enveredar por caminhos tortuosos. Vamos examinar melhor cada uma dessas questões.

QUAIS SÃO OS OBJETIVOS BÁSICOS DO PROJETO?

Há muitos títulos de projetos do seguinte tipo "Projeto de um novo catálogo para a linha de produtos xyz", "Redesenho do fogão modelo 1234" etc. Com o crescente interesse nas marcas, tenho recebido muitos pedidos do tipo: "Você poderia criar uma logomarca para a minha empresa?" Contudo, fica a dúvida: qual é o principal objetivo desse projeto? Por que as pessoas sentiram, de repente, a necessidade desses projetos?

Por exemplo, por que é necessário um novo catálogo? É porque se costuma fazer uma nova edição do catálogo a cada semestre? Ou porque houve uma mudança na linha de produtos e o catálogo precisa ser atualizado? Existiria um novo produto que ainda não foi incluído no catálogo? Talvez o catálogo atual não tenha produzido os resultados econômicos esperados. Por que isso ocorreu?

Como designer, preciso dessas informações corretas, antes de iniciar o projeto. Se não souber o porquê de fazer determinadas coisas, provavelmente poderei cometer erros. Considerando que o design se propõe a solucionar problemas, preciso saber exatamente quais são esses problemas. Durante a minha carreira, inicialmente como designer gráfico, fiquei espantado como muitos dos meus demandantes não conseguiam falar sobre os objetivos básicos do projeto. Eles davam respostas vagas, tais como "o vice-presidente de *marketing* nos pediu um novo catálogo" ou "o pessoal de vendas reclamou que o catálogo atual não está bom". Muito bem: o que motivou o vice-presidente a pedir um novo catálogo? Ou o que o pessoal de vendas constatou de errado no catálogo atual?

Essas perguntas podem ser feitas naturalmente, sem constrangimentos e sem confidencialidades, durante o processo de elaboração do briefing. Afinal, tudo ainda está no começo e todos estão empenhados em definir o que fazer. Por outro lado, se essas perguntas sobre os objetivos básicos do projeto forem feitas no meio do desenvolvimento, certamente vão provocar aborrecimentos. Assim, é perfeitamente viável começar com essas questões simples, para se chegar a um consenso sobre os objetivos do projeto. Se os objetivos não estiverem claros na reunião inicial, deve-se insistir novamente, até que tudo fique bem esclarecido antes de prosseguir.

POR QUE ESSE PROJETO TORNOU-SE NECESSÁRIO? POR QUE AGORA?

Essas questões podem parecer simples e desnecessárias, mas não podem ser omitidas, porque servem para determinar o prazo do projeto. O prazo é importante, pois vai influir nos recursos que preciso para executar o projeto, e também pode influir na metodologia. Se os prazos forem extremamente curtos, preciso de uma equipe maior. Além disso, não posso fazer longas pesquisas e levantamento de dados. Preciso trabalhar rapidamente com aquilo que já está disponível e fazer o melhor possível dentro desse prazo.

QUE RESULTADOS MERCADOLÓGICOS SÃO ESPERADOS?

Aqui, tratamos dos aspectos mercadológicos do produto, tais como ciclo de vida, concorrentes, aumento da participação no mercado, vantagens competitivas, posição de liderança e outros. Não se abordam, portanto, os aspectos físicos do produto, como a estética.

Quase todas as questões começam aqui com "como": como o projeto vai contribuir para alongar a vida do produto? Como se pode aumentar a participação no mercado? Como se pode ser mais competitivo? O representante da empresa certamente terá informações sobre esses tópicos. Contudo, não se pode criar falsas expectativas. Muitas empresas esperam que os designers façam milagres, que não se concretizam. Certamente o design pode dar uma boa contribuição para alavancar os negócios de uma empresa, mas dentro de certos limites, e é importante que esses limites sejam estabelecidos de forma bem realista.

Tenho ouvido o pessoal de *marketing* fazer encomendas do tipo "Queremos um catálogo chocante, cheio de cores, que possa enlouquecer a clientela e varrer a concorrência para fora do mapa". O que tudo isso significa? Qual é o significado de catálogo chocante? Como se faz um catálogo chocante? Então, é necessário saber qual é esse catálogo chocante, a ponto de criar grande vantagem em relação aos concorrentes. Aqui pode surgir a dúvida: qual é exatamente o problema que se quer resolver?

QUEM ASSUME AS RESPONSABILIDADES PELO PROJETO?

Finalmente, nessa reunião inicial, é necessário listar todas as pessoas que poderão opinar sobre o projeto. A lista pode ser longa. Conhecendo-se a lista dessas pessoas, pode-se desenvolver a estratégia apropriada, que discuto mais à frente. Mas ela pode ser útil também para consultar a pessoa certa em cada fase do projeto. Vou apresentar alguns exemplos.

Quase todos os projetos atuais envolvem advogados. Eles tratam de assuntos como direitos autorais, propriedade industrial, marcas, patentes, licenciamentos e outros. Eles podem ajudar a responder a perguntas do tipo: você vai usar imagens? Neste caso, tem direito a elas? Vai terceirizar a produção? Tem contrato para isso? Há restrições legais ao uso do produto? Naturalmente, deve--se analisar se há necessidade de envolvê-los. Em caso afirmativo, deve haver previsão orçamentária para os seus honorários. Além disso, como ocorrerá a participação deles? Poderão ser consultados ao longo do projeto ou eles farão um parecer, ao final, para providenciar as adaptações necessárias ao projeto?

Outras pessoas que podem opinar representam as funções de vendas, produção, compras, distribuição, assistência técnica e outras. A lista pode ser muito maior. É importante conhecer as principais de cada uma delas, modos de operação, restrições, capacidades e poderes que detêm para influenciar no projeto. Por exemplo, se vou escanear uma imagem, preciso saber se o equipamento disponível tem capacidade suficiente, em termos de dimensão e precisão da imagem. Se não, como se faz para contratar um serviço externo ou adquirir um equipamento compatível?

DESIGN É APENAS UMA PARTE DO SUCESSO

Anos atrás, dirigi o grupo de design da empresa Gillette. Nós criamos material de apoio às vendas, estandes, mostruários de materiais e algumas embalagens. Lá tive um conselheiro que dizia que os nossos projetos de design eram ingredientes para as vendas. Para que os objetivos da empresa sejam alcançados, é necessário que diversos ingredientes sejam combinados de forma harmoniosa.

Algumas pessoas do nosso grupo de design acreditavam que o produto se vendia apenas pelas embalagens, folhetos e estandes. Entretanto, isso é apenas uma parte do sucesso. Para que o projeto de design seja bem executado, é necessário ter uma visão dos outros ingredientes. Os designers precisam aprender a perguntar sobre esses outros ingredientes: como será feita a propaganda e que tipo de mensagem se pretende veicular? Qual será a técnica de *marketing* ou vendas? Quais são as qualidades do produto que se quer destacar? Como o design deve apoiar essas outras atividades?

O meu conselheiro insistia que eu deveria gastar alguns dias do ano viajando para observar os produtos nos pontos de venda. Visitei também alguns distribuidores para conversar com gerentes sobre o uso dos estandes e mostruários. Isso tornou-se uma obsessão em minha vida. Como poderia projetar material de apoio às vendas sem ter conversado com os vendedores da minha empresa? Como designer, eu precisava ver as coisas funcionando na prática. Também passei a enviar os designers do meu grupo para visitar esses pontos de venda, o que provocou um enorme impacto nas soluções que elaboramos.

Se eu desejar que o design seja considerado como assunto estratégico dentro da empresa, preciso atuar estrategicamente, em coordenação com as outras funções da organização. Assim, preciso conhecer bem essas outras funções e não somente como um taxista, mas como fornecedor de serviço e como um artista talentoso.

OS PARCEIROS PRECISAM ENTENDER-SE MUTUAMENTE

O que o meu parceiro pensa sobre os aspectos críticos do projeto também é importante. Se ele acredita que um catálogo deve ser cheio de cores, vou procurar saber as razões disso. Vou esclarecer esse ponto antes de iniciar o projeto, e se eu encontrar argumentos convincentes, vou segui-los.

Contudo, se achar que posso propor outros conceitos, tentarei negociar a exploração de novas ideias. Fazendo isso logo no início, pode-se economizar muito tempo, evitando-se frustrações e aborrecimentos posteriores. Ao mesmo tempo, devo eliminar falsas expectativas e ajudar o meu parceiro a entender o processo criativo do design. Assim, o relacionamento com o parceiro deve ser o mais cordial, franco e amistoso possível. O entendimento mútuo facilita o desenvolvimento do trabalho sem atritos.

EQUIPE DO BRIEFING

Após acerto preliminar sobre as linhas básicas do projeto com o parceiro, chega o momento de decidir quem participará da equipe para elaborar o briefing. A lista das pessoas que podem opinar sobre o projeto pode ser muito útil. Naturalmente, você não incluirá todas elas na elaboração do briefing propriamente dito, mas pode identificar cerca de dez pessoas indispensáveis, que devem participar desde o início. Esse grupo, relativamente pequeno, deve ser complementado com designers, redatores (quando necessário) e técnicos, que participarão diretamente da execução do projeto. Do contrário, a coordenação pode ficar muito difícil. Assim, selecione as pessoas criteriosamente, incluindo aquelas externas, consideradas pessoas-chave, e complementando com os especialistas do próprio grupo de design.

Muitos participantes dos meus seminários que ocupam cargos importantes afirmam que não teriam tempo para integrar o grupo de elaboração do briefing. Minha resposta nesses casos é: você precisa arranjar esse tempo. A primeira reunião para definição do briefing talvez tome apenas duas horas. O tempo gasto nessa reunião preliminar retornará pelo menos dez vezes maior. Após os entendimentos iniciais, as reuniões posteriores para a definição do briefing podem ser muito breves, apenas para esclarecer os pontos duvidosos. Se você se habituar a trabalhar dessa maneira, verá como o processo pode fluir rapidamente.

O próximo passo é organizar a sua própria equipe para elaborar o briefing. Em termos ideais, isso significa manter uma reunião com todos os participantes dessa equipe, durante duas ou três horas, todos na mesma sala. A troca de informações por telefone, internet e outros meios eletrônicos não se iguala a uma reunião presencial para discussões e tomada de decisões. Sugiro agendar duas reuniões. Na primeira, poderão surgir muitas dúvidas, que levam algum tempo para serem respondidas. Isso exige uma segunda reunião para discutir as respostas às questões levantadas. Após isso, os membros da equipe podem ser mantidos informados por e-mail, telefones ou reuniões remotas por teleconferência. Se não houver nenhuma emergência, geralmente não será necessário convocar todo o grupo para uma nova reunião presencial.

A agenda de uma reunião para elaboração do briefing é bem simples. Os participantes se apresentam, a não ser que já se conheçam entre si. Depois, os parceiros fazem uma revisão dos detalhes do projeto discutidos na reunião preliminar, incluindo o que se pretende realizar, por que estamos realizando, quais são os objetivos do negócio, quem são os parceiros do negócio e, finalmente, quem vai trabalhar no projeto.

Em seguida, a equipe de elaboração do briefing é convidada a fazer perguntas. Além disso, cada membro dessa equipe pode ser solicitado a manifestar-se sobre as contribuições que poderá dar. Cabe aqui uma palavra de advertência. Por enquanto, não se trata de projetar nada. É simplesmente uma reunião para definir os objetivos e os prazos e esclarecer as dúvidas sobre os negócios da empresa. Podem surgir questões sem respostas imediatas. Alguém poderá responder: "bem, preciso verificar isso". A segunda reunião serve para esclarecer esses pontos. Ao final da primeira reunião, deve ser elaborada uma lista das questões que ficaram pendentes, nomeando-se uma pessoa como responsável por trazer as respectivas respostas para a segunda reunião.

Essas reuniões produzem também alguns benefícios secundários. Em primeiro lugar, todos gostam de ser consultados e sentem-se envolvidos no trabalho. A essa altura, todas as contribuições serão bem-vindas e devem ser aproveitadas, na medida do possível. Do contrário, corre-se o risco de ouvir, posteriormente, "se vocês tivessem me consultado, eu teria dito..." Em segundo lugar, os participantes externos não designers perceberão como trabalha o design, desfazendo eventuais preconceitos, como o dos serviços decorativos.

Após essa primeira reunião, os parceiros podem começar a esboçar o briefing do projeto, para ser apresentado na segunda reunião.

CAPÍTULO 3

ELEMENTOS ESSENCIAIS DO BRIEFING

É importante repetir: não há uma fórmula única, padronizada, para o briefing. O formato de cada briefing vai depender de muitos fatores, como a natureza do projeto (embalagem, gráfico, produto, *web* e outros) e a cultura da empresa (padrões, práticas, métodos e outras). Algumas empresas preferem briefings descritivos. Outras preferem listas com itens, e muitas incluem ilustrações, como fotos, gráficos e diagramas. Contudo, todos eles devem conter determinados conteúdos, não importando a forma como são apresentados.

Dependendo da natureza do projeto e do grupo de design, alguns tópicos do briefing mencionados neste capítulo podem ser omitidos. Há também o caso inverso, em que certos tópicos não mencionados podem ser incluídos. Ao final das contas, cada empresa deve desenvolver o seu próprio formato e a lista de tópicos.

Como foi mencionado no Capítulo 2, são os parceiros que redigem a primeira versão do briefing em forma de esboço e determinam o formato a ser utilizado. Contudo, se toda a equipe responsável pelo briefing resolver redigir esse esboço, é possível que o trabalho não termine nunca.

Portanto, após a primeira reunião do grupo responsável pela elaboração do briefing, os parceiros redigem a sua primeira versão, adotando um determinado formato. Naturalmente, algumas informações podem ser esquecidas. Essa primeira versão é apresentada na segunda reunião com a equipe inteira de elaboração do briefing, na qual poderão ser recuperadas as informações que foram esquecidas, além de acrescentadas outras informações pertinentes. Ao término dessa reunião, deve-se ter uma versão final, aceita por todos. Esse processo de elaboração do briefing garante a participação de todas as pessoas-chave, registrando-se todas as informações importantes e atualizadas.

Naturalmente, podem ocorrer modificações do briefing durante o desenvolvimento do projeto. Em alguns casos, isso torna-se inevitável. Contudo, garantindo-se uma unanimidade nos pontos essenciais logo no início, essas mudanças posteriores tornam-se mínimas.

Por fim, apresento uma lista dos tópicos básicos que compõem a maioria dos briefings bem elaborados, que serão desenvolvidos nas seções seguintes:

- natureza do projeto e contexto;
- análise setorial;
- público-alvo;
- portfólio da empresa;
- objetivos do negócio e estratégia de design;
- objetivo, prazo e orçamento do projeto;
- informações de pesquisas; e
- apêndice.

As principais informações contidas nesses tópicos básicos do briefing serão apresentadas nas seções seguintes e estão resumidas no Quadro 1.

NATUREZA DO PROJETO E CONTEXTO

Esta seção faz uma descrição geral das necessidades da empresa, da oportunidade do projeto, dos objetivos do projeto, dos resultados desejáveis e das responsabilidades pelo projeto.

Muitos dirigentes acabam não lendo o briefing, principalmente aqueles que não estão envolvidos com o design cotidianamente. Assim, esta primeira

Quadro 1. Principais conteúdos dos tópicos básicos do **briefing** de design.

Tópicos Básicos	Conteúdos
Natureza do projeto e contexto	• Sumário executivo, incluindo: – justificativas – objetivo do projeto – resultados desejáveis – responsabilidades pelo projeto
Análise setorial	• Lista de produtos • Concorrentes • Preços e promoções • Marca • Estudo das tendências • Estratégia da empresa
Público-alvo	• Características do público-alvo: sexo, faixa etária, escolaridade, nível de renda, ocupação, *hobbies* • Diferenças: regionais, culturais, nos hábitos de consumo
Portfólio da empresa	• Marca • Imagem corporativa • Segmentação do mercado
Objetivos do negócio e estratégias de design	• Principais resultados visados pelo projeto, descritos na linguagem de negócios • Atividades de design, correspondentes aos resultados visados
Objetivo, prazo e orçamento do projeto	• Descrição das diversas fases do projeto, especificando: – tempo previsto – orçamento – recursos humanos necessários – responsabilidade pela aprovação
Aprovação, implementação e avaliação	• Aprovação do projeto: – preparação dos materiais de apresentação – responsáveis pelas aprovações • Implementação: – providências necessárias para a implementação • Avaliação: – critérios para medir o sucesso do projeto
Informações de pesquisas	• Tendências dos negócios: • Avanços tecnológicos • Lançamentos de novos produtos
Apêndice	• Materiais suplementares: – catálogos de produtos, fotos, mostruários, artigos de jornais, artigos científicos, manuais, legislações

seção é como um sumário executivo do projeto, que precisa ser rico em informações, sem ser prolixo, em apenas uma página, se possível. Segue um exemplo do sumário de um briefing em uma grande empresa transnacional, elaborado de forma descritiva:

"O portfólio da nossa empresa é composto de muitos itens com diferentes apresentações visuais, que foram desenvolvidas separadamente, atendendo a variados objetivos e estratégias adotadas no passado. Em consequência, nosso portfólio não tem coerência visual. Causando confusão em nosso público-alvo, agravada pelo mercado globalizado dos nossos produtos. Para resolver esse problema, o nosso portfólio deve ser completamente redesenhado, seguindo um padrão único de caráter estratégico. Com isso, visa-se conseguir maior visibilidade e coerência, encurtar o ciclo de vendas, aumentar a vantagem competitiva e aumentar a participação no mercado. Devem-se elaborar princípios de design para a configuração dos novos produtos, seguindo as orientações desse padrão. As soluções de design devem refletir esse padrão, incorporando elementos que identifiquem a marca da empresa e apresentem coerência visual em todas as linhas de produtos, destacando-se dos concorrentes."

Note que grande parte das informações relevantes é comunicada em apenas cinco sentenças do primeiro parágrafo. A primeira sentença faz um diagnóstico da situação de fragmentação da imagem corporativa; a segunda lista as consequências dessa fragmentação; a terceira foca a consequência voltada para a área de design; a quarta, a medida recomendada, ou seja, o redesenho do portfólio seguindo um padrão único; e, finalmente, as vantagens previstas do projeto. O segundo parágrafo aborda as consequências dessa orientação geral para a área de design.

Sendo um designer, minha cabeça começa a girar ao ler tais recomendações. Podem ser propostas várias soluções de design, mas todas devem ser identificáveis como elementos de uma mesma família. A situação atual é confusa, então, procuraria algo claro, direto e fácil de compreender. Eu precisaria desenvolver um padrão único para as apresentações visuais, mas não posso mudar a imagem atual da marca que identifica a empresa. Além disso, cada linha de produtos deve ter certo diferencial para distingui-la de outras linhas. Esse conjunto de informações é de grande ajuda para se começar.

Os dois parágrafos do exemplo citado justificam as necessidades da empresa para que os não especialistas em design possam entendê-las. Assim, se esse briefing circular entre os dirigentes não designers da empresa, todos terão facilidade de entender o que se pretende fazer.

A partir desses dois parágrafos iniciais, o briefing exemplificado segue apresentando outras informações críticas:

Para que o redesign seja realizado com máxima eficiência, deverá seguir as seguintes fases:

- *Fase 1* Realizar uma análise visual completa do atual portfólio da empresa, bem como dos portfólios visuais dos três principais concorrentes.
- *Fase 2* Desenvolver, no máximo, seis conceitos visuais de design, de acordo com os objetivos do projeto.
- *Fase 3* Testar todos os conceitos com o público-alvo.
- *Fase 4* Selecionar os três melhores conceitos e fazer anteprojetos. Testar os anteprojetos desses três conceitos com o público-alvo.
- *Fase 5* Selecionar o melhor anteprojeto. Desenvolver o projeto completo e preparar material para apresentação e aprovação.
- *Fase 6* Implementar a solução aprovada.

> O projeto foi programado para ser terminado em (*especificar data de entrega*). O orçamento para o projeto foi fixado em (*especificar valor financeiro*).

Esse exemplo é um caso real e apresento-o aqui com a devida licença da empresa, no entanto ela me proibiu de divulgar o de seu nome e o de seus concorrentes. É realmente um bom exemplo, contudo, acho que há algumas falhas nas informações apresentadas e vou abordar esse aspecto mais adiante.

Finalmente, a apresentação do briefing de apenas uma página completa-se com a colocação da data, nome do responsável pela empresa e nomes dos componentes da equipe do briefing:

> O responsável pelo projeto é o Sr. (*nome do responsável*), vi-ce-presidente de *marketing* da empresa.
>
> A equipe de elaboração do briefing do projeto de design é composta por (*nomes de todos os membros da equipe*).

Essa página única é o máximo que uma pessoa não envolvida diretamente com o projeto teria interesse de ler. Ela contém as informações essenciais. É particularmente importante que constem os nomes dos responsáveis que respondem por eventuais sucessos ou fracassos do projeto. Assim, as pessoas que tiverem interesse poderão dirigir-se a esses responsáveis.

Esta primeira seção é a mais difícil na redação de um briefing. Deve ser rica em informações e, ao mesmo tempo, sucinta para servir de sumário executivo. Pela minha experiência de mais de três décadas elaborando briefings, aprendi que essa seção é uma das que tomam mais tempo. Além disso, é a que provoca mais debates dentro do grupo de design, quando o briefing é finalizado para apresentação. Contudo, vale a pena esse investimento de tempo e esforço, antes de iniciar o desenvolvimento do projeto.

ANÁLISE SETORIAL

A análise setorial refere-se à categoria industrial ou de serviço onde atua a empresa. Muitas vezes refere-se à "indústria", que é o conjunto de empresas que atuam no mesmo setor. Em outras ocasiões, essa classificação não fica muito evidente. Alguns exemplos poderão esclarecer isso.

Qual é o setor da empresa McDonald's? Muita gente vai dizer *fast food*. Certo, a McDonald's serve *fast foods* e pode-se argumentar que esse é o principal negócio da empresa. Contudo, a empresa diz que atua principalmente no setor de entretenimento. A McDonald's deve grande parte de seu sucesso por ser um lugar agradável para as famílias. Ela tem parques de diversão, pequenos brinquedos, jogos, Ronald McDonald fazendo brincadeiras, tudo isso com o *slogan* "Você merece um descanso hoje!" O conceito está baseado na diversão das crianças – bem, além disso, você pode tomar um lanche. Enquanto os concorrentes focalizavam a atuação na comida, a McDonald's focalizou-se mais no entretenimento. Foi isso que a diferenciou dos concorrentes. Você pode se alimentar em um lugar divertido, pode organizar a festinha de aniversário do seu filho e as crianças podem gastar o excesso de energia brincando nos parques, em um ambiente seguro. Essa estratégia funcionou bem para a empresa durante anos, tornando-a, assim, líder do setor.

Agora, suponha que você tenha sido convidado para realizar um projeto de design para a McDonald's no início da vida da empresa. Você teria pensado no entretenimento como principal negócio da empresa? Passaria pela sua cabeça incluir elementos que a assemelhassem a um parque de diversões? Se você a tivesse pensado apenas como uma vendedora de hambúrgueres, seu conceito de design teria sido muito limitado.

Problemas semelhantes ocorrem em outros setores. Por exemplo, empresas que projetam e fabricam aviões comerciais podem ser classificadas no setor da indústria aeronáutica. Existe lógica nisso, pois fabricam e vendem aeronaves para as operadoras de linhas aéreas. Os aparelhos devem ter confiabilidade, capacidade para certo número de passageiros e cifras favoráveis de custo/benefício para as operadoras. Contudo, essas aeronaves só serão bem sucedidas se os passageiros estiverem dispostos a embarcar nelas. Os passageiros não consideram as aeronaves como simples máquinas, eles querem segurança, conforto e rapidez. Nesse caso, poderíamos falar em três setores envolvidos: o fabricante das aeronaves; a operadora de linhas aéreas; e o setor de transportes. Nesse caso também, se você estiver envolvido em projetos de design para um fabricante de aviões, deverá pensar, ainda, na operadora e até no setor de transportes aéreos.

Essa discussão setorial muitas vezes é desprezada na elaboração dos briefings, embora seja essencial. A vantagem é que você não precisa discutir o assunto a cada novo projeto. O esforço maior ocorre na primeira vez, até que se encontre uma categoria correta. Depois disso, nos projetos subsequentes, essa categoria pode ser conservada. Exige-se apenas uma revisão periódica, para verificar se a empresa ainda continua no mesmo ramo de atividades. Portanto, esse tópico do briefing não toma muito tempo para ser preenchido.

Para decidir em que setor se enquadra uma determinada empresa, pode-se examinar algumas informações, como: a declaração da missão da empresa; a filosofia e a estratégia de negócios; e a pesquisa de mercado. Essa definição deve considerar também a posição relativa da empresa entre os concorrentes. Assim, pode-se ter uma visão clara da situação da empresa no mercado. Se a solução de design não focalizar corretamente a atuação da empresa, pode-se produzir excelentes projetos de design, mas pouco efetivos para os objetivos da empresa.

Para esse enquadramento correto devem ser considerados os seguintes aspectos:

LISTA DE PRODUTOS

Deve ser extensiva, incluindo todos os produtos e serviços abrangidos pelo projeto. Deve incluir as diversas formas de apresentação, participação no mercado e evolução das vendas, podendo pautar-se nas seguintes questões: como se está vendendo hoje? Como tem sido essa venda ao longo do tempo? Quais são os produtos equivalentes existentes no mercado? Há previsão de substituir este produto ou serviço a curto prazo? O produto é lucrativo?

Muitos gerentes de *marketing* (e também designers) acreditam que os projetistas não necessitam desse tipo de informações. Eu não concordo, pois servem para direcionar corretamente o projeto, permitindo a criação de conceitos apropriados de design, focalizados nos objetivos da empresa.

CONCORRENTES

Deve-se criar uma lista dos principais concorrentes, especificando as participações de cada um no mercado, suas peculiaridades e seus principais pontos fortes e fracos. Por exemplo, pode ser que um determinado concorrente tenha um modelo exclusivo de produto para atender a um segmento específico do público-alvo ou em alguma microrregião localizada.

PREÇOS E PROMOÇÃO

Descreve a política de preços e promoções adotada para cada produto ou serviço da empresa, bem como de seus concorrentes, da forma mais detalhada possível.

No início de minha carreira, aprendi muito com os erros cometidos. Certa vez, o nosso grupo recebeu uma encomenda para projetar a embalagem de um novo produto de beleza. Desenhamos um produto que parecia perfeito. Para minha surpresa, quando apresentamos o produto para aprovação, foi imediatamente rejeitado. Por quê? O produto seria distribuído como amostra grátis, encartado em um jornal local. Nós não sabíamos disso e nos esquecemos de perguntar. A embalagem devia ser pequena para caber no saco de jornais e a nossa solução não se prestava a isso. Enfim, tivemos de começar tudo de novo. Desta vez, tomando cuidado com o tamanho da embalagem.

Também tenho visto muitos casos de "superprojetos" que extrapolam a faixa de preços aceitável. O custo de implementação desse tipo de projeto exige investimentos adicionais, provocando um aumento dos custos de produção e podendo levar a empresa à perda de mercado. Assim, os designers precisam informar-se sobre preços e promoções antes de começar a elaborar os seus projetos.

MARCA

Todos os produtos ou serviços da empresa devem ser analisados em relação à sua marca. Deve-se fazer o mesmo com os principais concorrentes. Qual é a percepção de sua marca no mercado, em relação aos concorrentes? Quais são os aspectos mais significativos nessas percepções? Qual é a importância disso?

Por exemplo, eu realizei um trabalho para uma empresa tradicional, com mais de 150 anos de existência, que tinha a liderança do setor. De repente, apareceu uma nova empresa que se transformou na principal concorrente. Essa empresa apresentava uma imagem moderna, atualizada, confiável e competitiva. Então, surgiu a dúvida: será que valeria a pena abandonar uma imagem consolidada ao longo de muitas décadas para enfrentar essa nova ameaça? Deveríamos nos mover em direção a uma imagem mais contemporânea ou ficaríamos com a imagem tradicional, já consolidada? Essa não é uma decisão simples. De qualquer modo, é uma discussão essencial, anterior ao projeto de design.

ESTUDO DAS TENDÊNCIAS

É necessário conhecer as tendências que dominam a evolução dos produtos de um determinado setor. Por exemplo, certa vez fiz o projeto de uma embalagem para xampu. Quando comecei a fazê-lo, os xampus eram coloridos, principalmente de verde e âmbar. Logo depois houve mudança de percepção e os consumidores passaram a preferir os xampus claros e transparentes, de forma que o verde e âmbar saíram de moda e foram substituídos pelos claros. Então, foi necessário mudar a orientação do projeto para se adequar a essa nova tendência. Naturalmente, existem tendências próprias para cada setor e elas exercem forte influência nas soluções de design.

ESTRATÉGIA DA EMPRESA

Afinal, qual é a estratégia que a empresa está adotando atualmente? Preço? Qualidade? Inovação? Exclusividade? Valor? Apelo ecológico? Ou a estratégia baseia-se em aquisições, associações ou alianças? Essas estratégias indicam como a empresa pretende atuar, conquistando mercados e obtendo lucros. Isso naturalmente influi sobre as soluções de design, pois estas fazem parte da estratégia.

PÚBLICO-ALVO

No atual mundo globalizado e com consumidores cada vez mais exigentes, o projetista deve conhecer as necessidades e desejos de todos os segmentos do público-alvo antes de começar a desenvolver os projetos. Portanto, uma descrição detalhada desse público-alvo é absolutamente essencial.

A descrição do público-alvo geralmente é a parte de mais fácil entendimento nos briefings de design. Frequentemente, trata-se de uma descrição muito resumida, por exemplo, "mulheres entre 20 e 30 anos", "mães", "adolescentes", "executivos" e até "todos".

Em geral, é preciso saber mais. Qual é o nível de escolaridade dessas mulheres entre 20 e 30 anos? Qual o nível de renda? São casadas? Onde moram? Quanto aos adolescentes, incluem meninos e meninas? Estudam? Trabalham? Praticam esportes? Ganham mesada? Como se divertem? Naturalmente, para cada tipo de projeto é necessário ter um conhecimento preciso dos aspectos que atraem o interesse desse público-alvo em relação ao projeto.

Assim, é necessário descrever todas as características importantes desse público-alvo no briefing de design, prestando atenção nas diferenças culturais, regionais e de gênero, especialmente para produtos universais. É necessário definir quem especificamente estará buscando o seu design.

Tenho o hábito de visitar regularmente os públicos-alvo dos projetos que desenvolvo, para conhecer e entender as suas necessidades da melhor maneira possível. Se isso não for possível, você deverá confiar nas pessoas que os conheçam diretamente, e não por referência de terceiros. Em muitos casos, essas informações podem ser obtidas com o pessoal de vendas, e os designers devem estabelecer comunicação direta com essas pessoas que têm contato regular com o público-alvo. Não se acanhe em fazer perguntas a eles, tantas quantas forem necessárias, até que se consiga obter um conhecimento suficiente sobre o público-alvo.

Além disso, considere que pode haver mais de um público-alvo para um mesmo produto ou serviço da empresa. Naquele exemplo do fabricante de aeronaves, os designers devem considerar as várias classes de público. Em primeiro lugar, a aeronave deve ter características atraentes às operadoras de linhas aéreas. Segundo, deve ser atraente também para os passageiros e para a tripulação. Considere que esses passageiros são constituídos de homens, mulheres, crianças, jovens, idosos, turistas, homens de negócios, podendo também estar incluídos portadores de necessidades especiais. Cada uma dessas classes pode ter diferentes necessidades e os designers devem conhecer todas elas. Portanto, uma descrição simplificada do público-alvo como "todos" pode ser um mau começo.

Os produtos destinados ao mercado global são ainda mais complicados. Uma questão muito debatida entre os designers seria possível desenvolver uma solução de design que funcionasse igualmente bem para qualquer pessoa no mundo. Minha resposta em geral é "não!". Existem muitas diferenças étnicas, econômicas e culturais entre os diversos povos e regiões, sendo muito difícil projetar apenas um tipo de produto que servisse a todos.

Tive a oportunidade de ministrar uma palestra para designers de uma grande empresa dos Estados Unidos, produtora de cartões comemorativos. Foi apresentada a dificuldade em desenhar cartões adequados às diferentes regiões do país. Por exemplo, os cartões de Natal preferidos no Arizona não eram bem aceitos na Nova Inglaterra. Essas preferências eram determinadas pelo clima, tradição local e gostos diferenciados.

A empresa organizava visitas regulares dos designers a diversas regiões norte-americanas. O objetivo era captar as preferências visuais, tradições e gostos das várias regiões, de forma direta. Dessa forma, a empresa procurava desenhar cartões apropriados para cada uma dessas regiões. Nesse caso, o produto da empresa contém alta dose de trabalho de design. Assim, a empresa considerava compensador investir na pesquisa de cada segmento do público-alvo. Outras empresas podem considerar que isso não vale a pena. Por exemplo, na produção de envelopes, já não haveria tantas diferenciações regionais. Nesse caso, o designer pode recorrer a outros meios indiretos para obter informações sobre os públicos-alvo específicos.

PORTFÓLIO DA EMPRESA

A apresentação do portfólio da empresa torna-se necessária quando o projeto de design é desenvolvido por um escritório externo. Contudo, pode ser útil também para os grupos internos de design. Novamente, essa é uma das seções do briefing que exige trabalho para se organizar pela primeira vez, mas, depois de pronta, pode ser usada em todos os outros briefings da empresa. Ela deve ser revista com regularidade e atualizada quando for necessário.

Esta seção descreve a empresa e suas atividades da forma mais completa possível. Deve-se destacar os aspectos pelos quais a empresa deseja ser conhecida pelo grande público, principalmente nos aspectos relacionados com design. Por exemplo, a fábrica de sorvete Ben & Jerry, uma grande empresa dos Estados Unidos, vinculou a sua marca, desde o início, com os compromissos sociais. Os empresários doaram boa parte de seus lucros para instituições de caridade e para causas meritórias. Isso faz parte inerente de sua estratégia empresarial. Nesse caso, o design deve considerar esse tipo de filosofia empresarial ao desenvolver conceitos para a empresa.

Em outros casos, o briefing deve expressar toda a gama de atividades da empresa e a imagem que ela quer construir para o público. Há casos em que a empresa prefere passar uma imagem única, monolítica, como no caso da IBM. Todos os produtos e serviços oferecidos pela empresa levam uma marca única. Esse tipo de orientação deve ser claramente expresso no briefing.

Por outro lado, se a empresa preferir diversificar a sua marca, deve construir uma imagem própria para cada linha de produtos. A Proctor & Gamble aplica essa estratégia de diversificação: muitos consumidores não identificam que os produtos como Ariel, Ace, Crest, Wella, Pringles, Pantene, Pampers e outros são produzidos pela empresa Proctor & Gamble, cuja assinatura aparece de forma discreta. Essa estratégia de diversificação é adotada por muitas empresas que fazem autoconcorrência, lançando produtos similares com marcas diferentes. Assim, pouca gente percebe que os sabões em pó Ariel e Ace são igualmente fabricados pela Proctor & Gamble.

Há outras empresas que adotam uma estratégia de lançar produtos de marcas diferentes, mas, ao mesmo tempo, preservando a própria marca da empresa. Um bom exemplo disso é a General Motors. Eles têm automóveis de diversas marcas – Chevrolet, Buick, Cadillac e outras –, cada um com a própria marca e segmento de mercado, mas todos são apresentados como produtos da GM. Cada uma dessas submarcas destina-se a um diferente segmento de mercado, desde aquelas mais populares até o luxuoso Cadillac, e tem atributos próprios, que devem ser convertidos em características visuais, embora guardem algumas características gerais da GM. Assim, o desafio é fazer uma diferenciação entre Chevrolet e Cadillac, de acordo com o público-alvo de cada um deles, e, ao mesmo tempo, reportar-se à marca-mãe da GM.

Finalmente, há empresas que adotam estratégias mistas. A Empresa Gillette tem algumas marcas monolíticas (Gillette) e outras diversificadas (Braun, Duracell, Oral B). Se você é consultado para fazer um projeto à Oral B, deve perguntar se a marca Gillette deve figurar ou não com alguma característica e com que grau de ênfase.

Portanto, ao se fazer um projeto específico, é necessário definir no briefing de design se o produto deve estar ou não integrado ao portfólio dos demais produtos e serviços da empresa.

Esta seção, assim como as outras que compõem o briefing, constitui-se em uma preciosa oportunidade para se discutir o projeto com o grupo de design, assim como com outros parceiros não designers. Essas discussões prévias, anteriores ao início do projeto, são muito ilustrativas para indicar o futuro caminho a ser seguido.

OBJETIVOS DO NEGÓCIO E ESTRATÉGIAS DE DESIGN

Pela minha experiência, a seção que trata dos objetivos do negócio é a mais importante, embora muitos se esqueçam disso.

Um projeto de design só se torna efetivo quando consegue solucionar o problema proposto. Para isso, é necessário que esse problema seja claramente descrito. Além disso, a solução apresentada deve ser coerente com os objetivos do negócio. A estratégia de design só pode ser bem elaborada quando a natureza do problema e a sua ligação com os objetivos do negócio forem claramente compreendidas. Já abordamos esse assunto superficialmente na primeira seção do briefing. Agora vamos aprofundá-lo, formulando uma estratégia de abordagem do processo de design.

Todos os responsáveis pelo projeto devem participar da elaboração desta seção. Se for bem conduzida, será a melhor oportunidade para se chegar a um acordo sobre a variedade de conceitos a serem criados. Depois, ela vai ser usada durante a preparação da apresentação final da solução de design, a fim de obter a aprovação dos demandantes.

Como mencionei anteriormente, você provavelmente desenvolverá o seu próprio formato do briefing. Contudo, apresento a minha experiência no assunto, que pode ser-lhe útil como exemplo. Costumo trabalhar com um formulário de duas colunas. A da esquerda chama-se "objetivos do negócio" e a da direita, "estratégias de design". Solicito que o meu demandante preencha a coluna da esquerda: "Por favor, liste os objetivos do negócio previstos para o projeto, em ordem decrescente de importância". Considero que ele, como o maior interessado, seja também um grande especialista no assunto.

A coluna da direita fica sob a minha responsabilidade. Eu e meu grupo detalhamos os aspectos específicos de design, visando atingir os objetivos do negócio, listados na outra coluna. Notem que estou falando das estratégias de design, ou seja, das suas características gerais e não dos aspectos específicos de desenvolvimento do projeto. Os conceitos de design serão criados posteriormente, a partir dessa estratégia.

Quando o formulário está preenchido nas duas colunas, faço uma reunião com o meu demandante para discuti-lo, item por item. Essa reunião nem sempre é tranquila, pois podem surgir divergências. Contudo, as discussões geralmente são muito produtivas, pois servem para esclarecer os pontos obscuros. Observa-se que isso proporciona grande economia de tempo e de esforço futuros, considerando que o projeto ainda não foi iniciado. Se a solução dessas divergências for postergada, provavelmente as consequências serão muito mais sérias.

Quando o meu parceiro e eu chegamos a um acordo sobre os conteúdos do formulário, fazemos uma reunião maior, envolvendo toda a equipe de projeto, para que haja uma aprovação unânime dos participantes.

Embora a elaboração desta seção do briefing seja mais demorada que as outras, há muitas vantagens neste processo: ele contribuirá para focalizar melhor as atividades na fase de geração de conceitos, economizando um tempo enorme. Também contribuirá para reduzir as divagações e mal-entendidos durante todo o processo. Não é preciso dizer que essas coisas consomem tempo e provocam desgastes dos participantes.

A principal vantagem desta seção é o efeito educativo nas duas partes. O demandante terá a oportunidade de colocar claramente o que deseja, além de adquirir conhecimentos sobre o processo de design e desenvolvimento de conceitos. Os designers, por outro lado, entenderão os objetivos dos negócios pretendidos pela empresa e aquilo que se exige deles.

Entretanto, esse documento não deve ser considerado fechado e imutável. Durante o desenvolvimento do projeto, algum designer pode ter uma inspiração repentina de uma ideia brilhante, que não se enquadre nos termos do briefing. Nesse caso, o briefing pode sofrer revisão, a fim de incorporar essa nova solução. Para isso, é importante que o demandante e toda a equipe de elaboração do briefing concordem com a modificação proposta. O briefing, assim como qualquer outro tipo de plano, é um documento dinâmico, que pode sofrer ajustes de percurso, durante o seu desenvolvimento. Contudo, quando o briefing for bem elaborado, essas revisões serão mais exceção do que regra, ocorrendo só em casos excepcionais.

Lembrando a analogia feita por Kim Zarney, apresentada no Capítulo 1, assim como é importante reunir todos os ingredientes antes de começar a cozinhar, é nossa meta reunir todas as informações necessárias antes de começar o projeto. O objetivo é perder menos tempo discutindo opiniões pessoais do tipo "gosto" e "não gosto". Esta seção prevê um roteiro bom e estratégico para encontrar uma solução verdadeiramente criativa em design.

OBJETIVO, PRAZO E ORÇAMENTO DO PROJETO

Esta parte estabelece detalhes críticos para o sucesso do briefing, pois assegurará que todos os envolvidos tenham um claro entendimento das fases do projeto. Servirá também para que os demandantes possam ter um entendimento melhor do processo de design. Se for bem conduzida, pode-se determinar, com precisão, o prazo e a remuneração justa para o projeto.

Nesta seção, o gerente do grupo de design poderá agrupar as atividades de projeto em alguns blocos. Ao fazer isso, facilita a explicação, aos demandantes, de certos detalhes envolvidos na execução do projeto. Muitos deles não conseguem entender porque os projetos de design são tão demorados ou custosos, pois desconhecem as metodologias adotadas em design. Esta é a oportunidade de explicar tudo isso a eles.

Frequentemente, os profissionais de design não explicam adequadamente o seu método de trabalho. Em consequência, muitos dirigentes não designers imaginam que esses profissionais simplesmente escondem-se na sala dos fundos, para criar e aparecer com soluções maravilhosas. Mais uma vez, esses profissionais são considerados artistas. Reunindo-se com o seu demandante e explicando todas as fases do projeto, este último compreenderá por que se exige mais tempo e verba que se tinha imaginado, e, assim, você terá melhores condições de terminar o projeto com sucesso. Para isso, a descrição de cada fase deve conter, pelo menos, os seguintes itens:

- descrição precisa da fase (atividade);
- o tempo necessário para completar a fase;

- recursos humanos necessários na fase (não se esqueça de incluir elementos-chave da empresa como gerentes de *marketing*, compradores, vendedores, advogados e outros);
- aprovações para a fase (quem, quando, onde);
- orçamento da fase.

A quantidade de fases vai depender, naturalmente, de cada projeto específico. O importante é que a descrição de cada fase seja completamente entendida por todos os envolvidos, e o melhor modo para se fazer isso é pela criação de um cenário ideal com o seu parceiro.

Retornando ao exemplo da padronização do portfólio apresentado na Fase 1, lembremos que se pretendia realizar uma "análise visual completa do atual portfólio da empresa, bem como dos portfólios visuais dos três principais concorrentes". Isso foi um bom começo, contudo, agora pode-se indagar outros pontos ao seu parceiro:

- temos amostras de todos os produtos que figuram no portfólio da empresa? Do contrário, como conseguiremos obter esse material? Em quanto tempo?
- quem são esses três concorrentes? Como os identificaremos?
- existem amostras de produtos desses concorrentes? Não havendo, como serão obtidas? Em quanto tempo?
- quais são as pessoas envolvidas na análise desse material? Quais são os critérios para se fazer essa análise?
- como os resultados serão apresentados? Para quem? Qual é o tempo disponível para finalizar a análise? Quais são as datas de início e término?
- qual é o orçamento disponível?
- há alguma fase intermediária que precise de aprovação da empresa? Quem representará a empresa na tomada de decisões?

Muitas vezes, os meus demandantes ficam alarmados quando se avança no processo analítico, devido ao tempo, esforço e dinheiro envolvidos. Eles ficam surpresos quando são informados que o projeto de design não pode começar sem que todos os requisitos sejam definidos e analisados pela equipe de elaboração do briefing.

À medida que você vai completando a análise de cada fase do projeto junto com o seu demandante, parece que o tempo e o dinheiro envolvidos vão crescendo mais do que estava inicialmente previsto, e o nervosismo do seu demandante vai aumentando. Nesse ponto, o gerente do projeto de design pode dizer "está bem, vamos rever todas as fases para verificar o que se pode cortar". Para cada item eliminado, deve-se fazer uma outra pergunta: "ao se eliminar ou reduzir os recursos desta atividade, quais são os riscos aos negócios?"

Note que é preferível falar em riscos aos negócios que adotar uma posição intransigente do tipo "o grupo de design não concorda em eliminar esta etapa", pois poderia ouvir a seguinte resposta: "não importa o que pensa o grupo de design". O representante da empresa provavelmente estaria considerando que os designers são muito exigentes, além do razoável. Em vez disso, falar em risco aos negócios provavelmente fará o demandante pensar mais um pouco antes de decidir pelo corte. Dessa maneira, muitos outros aspectos podem ser negociados até se chegar a uma redefinição dos objetivos do projeto, tempo e recursos necessários.

Esse processo de negociação é salutar, pois o representante da empresa torna-se corresponsável pelo projeto. Além disso, será mais difícil o demandante colocar dificuldades em algo que ele mesmo ajudou a definir. Se esse processo envolver outras pessoas da empresa, as chances de você conseguir adesão ao seu projeto vão aumentando. Portanto, há ganhos para ambos os lados, tanto para a empresa como para o grupo do projeto.

APROVAÇÃO, IMPLEMENTAÇÃO E AVALIAÇÃO

Como já afirmamos, a definição das fases depende da natureza do projeto específico e também do tema de design envolvido. Por exemplo, o projeto de um produto industrial, como um aparelho eletrodoméstico, envolve diversos aspectos de engenharia e construção de modelos e protótipos. Isso já não acontece no caso do design gráfico, como um catálogo. Assim, no caso do projeto do produto, provavelmente haverá mais fases que no do design gráfico. Contudo, em qualquer um desses casos, recomendo incluir três fases finais: 1) aprovação final do projeto; 2) implementação; e 3) avaliação dos resultados.

Aprovação final do projeto – Evidentemente, todos os projetos devem passar por uma aprovação final, antes de serem implementados. O briefing deve incluir detalhes sobre esse processo: quando ocorrerá a reunião para aprovação? Quem fará a apresentação? Quem decidirá sobre a aprovação final? Qual é o orçamento disponível para preparar o material de apresentação? Muitas vezes, esquece-se que essa apresentação exige preparação cuidadosa, envolvendo custos, mas isso deve ser previsto no orçamento geral do projeto.

A apresentação do projeto deve ser feita conjuntamente pelos principais responsáveis pelo projeto, tanto da empresa como do grupo de design. Se isso não é possível, a apresentação deve ser feita apenas pelo responsável pelo projeto de design, embora isso nem sempre ocorra na prática. Há casos em que a apresentação é feita por terceiros, que não participaram diretamente do projeto, e apesar de eu não concordar com isso, tal fato costuma ocorrer frequentemente. Nesse caso, resta elaborar o material de apresentação, fazer um ensaio com o apresentador e ficar torcendo para que tudo dê certo. Você então poderá ser convidado para observar e dirimir eventuais dúvidas. Em qualquer um desses casos, o importante é que o procedimento da aprovação esteja descrito no briefing. Esse assunto será explicado melhor no Capítulo 8.

Implementação – Após a aprovação, o projeto passa para a etapa de implementação. Isso quer dizer que o projeto será posto em produção industrial ou gráfica. Envolverá também alguma forma de distribuição dessa produção, a fim de alcançar o público-alvo. A implementação exige uma série de providências. Agora, aquelas pessoas identificadas como responsáveis na reunião inicial entrarão em cena para tomar essas providências. Geralmente, são envolvidos os gerentes de produção, compras, vendas, estoques, distribuição e outros. Deve-se estabelecer data e orçamento para essa implementação.

Avaliação dos resultados – Por fim, a última fase refere-se à avaliação dos resultados. Essa avaliação procura determinar o grau de sucesso do projeto. Para isso, os critérios de medida devem estar previamente estabelecidos. Além disso, o processo de avaliação também pode envolver custos. Em geral, essa avaliação deve ser feita de forma compartilhada entre aqueles que se responsabilizaram pelo projeto.

Há muitas formas para se avaliar os resultados de um projeto de design. Mais uma vez, isso depende da natureza do projeto. Se for o caso de um novo produto, pode-se analisar o volume de vendas. Se for o redesenho de uma embalagem, verifica-se o incremento das vendas. De qualquer modo, essas variáveis podem ser definidas a partir dos objetivos declarados do projeto.

Lembre-se de que foram feitas diversas perguntas sobre os objetivos do projeto. Por que esse projeto tornou-se necessário? Por que agora? Que resultados mercadológicos são esperados? As respostas a essas perguntas fornecem a base para a avaliação dos resultados obtidos. Se as metas previstas forem alcançadas, o projeto de design poderá ser considerado um sucesso!

INFORMAÇÕES DE PESQUISAS

Muitas vezes, nem todas as questões são respondidas durante a elaboração do briefing porque dependem de decisões ou pesquisas posteriores. Entre elas, incluem-se as tendências de mercado, mudanças de hábitos dos consumidores, evolução tecnológica e lançamento de novos produtos. Nesses casos, essas perguntas devem constar no briefing para serem respondidas oportunamente. Além das perguntas, devem constar também os nomes dos responsáveis em dar as respostas, com os respectivos prazos para que isso seja feito. Esta seção funciona como lembrete para garantir que certas dúvidas sejam esclarecidas a tempo, sem interromper o andamento do projeto.

APÊNDICE

Certos documentos não são parte direta do briefing, mas podem ser incluídos como anexo, por conterem informações para consulta. Isso inclui fotos, reportagens sobre a empresa, pesquisas de mercado, análises dos concorrentes, análises das tendências e outros. Pode-se organizar uma caixa-arquivo para guardar esses materiais, incluindo esboços de ideias que tenham ocorrido durante a elaboração do briefing. Essa caixa deve conter também uma cópia do próprio briefing e ficar disponível para que qualquer membro do grupo de design possa consultá-la, a qualquer momento.

O que ocorre com frequência é alguém perguntar: "Este projeto é parecido com aquele que fizemos há três anos. Lembra-se dele?" Nesses casos, é importante ter os briefings dos projetos anteriores arquivados para consulta, o que pode economizar muito tempo na elaboração do briefing para o novo projeto.

ALGUMAS CONCLUSÕES SOBRE OS TÓPICOS

Neste capítulo, procurei reunir os tópicos que considero essenciais para um briefing bem elaborado. Contudo, você mesmo poderá adicionar outros tópicos ao seu briefing, se julgar necessário. Também não é obrigado a incluir todos os itens que foram abordados. O essencial é que haja um processo negociado na elaboração do briefing, discutindo-se todos os itens com o seu demandante. Não há problema em adicionar ou omitir certos aspectos, desde que isso seja feito de comum acordo entre as partes.

Se achar desnecessário fazer a avaliação dos resultados, elimine-a. Mas tenha cuidado: é necessário que todos os membros do grupo de design tenham conhecimento do que está ocorrendo com a indústria e a competição. Não presuma que todos tenham essas informações. As indústrias transformam-se rapidamente e o mercado é muito dinâmico. Da mesma forma, o portfólio da empresa pode parecer desnecessário para um determinado projeto. De qualquer modo, discuta esses assuntos antes de tomar as decisões.

Particularmente, acho que todas as seções que apresentei são importantes, mas algumas delas podem ser omitidas em algum caso específico. Contudo, há um conjunto de informações essenciais em qualquer briefing:

- *Objetivo* – Definição clara do objetivo do projeto, sua natureza e contexto. Pode ser utilizado como sumário executivo.
- *Público-alvo* – Descrição detalhada do público-alvo.
- *Objetivos do negócio* – Análise da coerência entre os objetivos do negócio e as estratégias de design.

- *Fases* – Descrições das fases, incluindo, pelo menos, o objetivo do projeto, prazos e orçamento.

Para reforçar, considero duas seções notadamente importantes. A primeira é a coerência entre os objetivos dos negócios e as estratégias de design. A outra são as descrições das fases. Essas duas seções, em particular, servem para orientar o desenvolvimento do projeto.

O próprio demandante pode escrever a primeira versão do briefing. Contudo, o grupo de design também pode se reunir para produzir a sua própria minuta, antes de reunir-se com os demandantes. Tenho adotado essa prática regularmente. Assim que recebo as primeiras informações sobre o projeto, escolho as pessoas que participarão da equipe do briefing e faço uma reunião preliminar com elas.

Parto do princípio de que os designers devem participar da formulação do briefing desde o início. Quando chego a um acordo com a equipe, oriento cada participante a se reunir separadamente com os representantes da empresa para detalhar os diferentes aspectos da minuta do briefing. Faço isso em reuniões dois a dois porque são mais produtivas. Não considero essa prática antidemocrática, pois trata-se de uma fase preliminar, apenas para reunir informações, que depois serão discutidas com todos. Assim, evito reuniões do demandante com toda a equipe de design, porque isso pode tornar-se muito dispersivo. Às vezes, o próprio demandante organiza uma comissão para discutir com a equipe de projeto. Em geral, isso leva a discussões prolongadas e toma muito mais tempo.

Pode parecer que o processo descrito seja exageradamente detalhado e demorado. Para ser honesto, quando elaborar os primeiros briefings, você gastará mais tempo que o previsto. Mas gostaria de lembrar algumas coisas importantes: em primeiro lugar, o tempo gasto na elaboração do briefing será economizado mais à frente; segundo, à medida que você adquirir prática, o processo se tornará mais fácil e rápido.

Como já mencionei, você pode padronizar alguns blocos do briefing. A partir disso, pode-se simplesmente fazer pequenos ajustes e repeti-los nos briefings seguintes. Alguns blocos, como o portfólio da empresa e o processo de avaliação, provavelmente sofrem poucas mudanças de um projeto para outro. Contudo, é sempre recomendável fazer uma atualização desses blocos.

Você deve se lembrar também que falamos do processo educativo proporcionado pelo briefing. Com isso, você estará comunicando as suas necessidades, como profissional de design, de modo que os seus parceiros não designers possam entendê-las. Além disso, ao fazer um briefing adequado, você estará se prevenindo de ouvir certos tipos de queixas renitentes como "eles não entenderam", "o prazo foi muito curto", "a verba foi insuficiente" ou "eles não quiseram participar".

O processo de elaboração do briefing ajuda na mudança da mentalidade, superando o conceito do design como serviço decorativo para transformá-lo em assunto estratégico, tratado nos escalões superiores da empresa. Contudo, a ampliação dessa percepção sobre o design pode demorar algum tempo, exigindo certo esforço e persistência durante o período de transição. Acredito que isso não seja fácil e rápido, mas penso também que o designer, como um profissional proativo, deve tomar a iniciativa de propor mudanças. Assim, poderemos elevar o nível da nossa profissão, para que possamos contribuir de forma mais efetiva, e não apenas como "embelezadores", no final do processo de projeto.

CAPÍTULO 4

APROVAÇÃO DO BRIEFING

Até aqui, você e seus parceiros elaboraram um esboço do briefing e escolheram o formato preferido pela empresa. Agora você precisa finalizar o briefing envolvendo os principais responsáveis pela sua elaboração.

Isso exige um planejamento cuidadoso entre as partes. Tudo o que você não quer é uma querela demorada em reuniões de comissões para elaborar diversas versões do briefing. A minha experiência recomenda que cópias de uma minuta do briefing sejam distribuídas apenas aos responsáveis pela sua elaboração. Dê-lhes um prazo apertado – não mais que cinco dias úteis – para analisarem o documento. Diga que essa análise é apenas para detectar alguma omissão ou erros flagrantes, e não para discutir conceitos de design. Se possível, agende uma reunião apenas com a equipe. Duas horas são suficientes para isso.

Se alguém não puder comparecer pessoalmente, peça para encaminhar comentários por escrito, um dia antes da reunião. Durante a reunião, distribua aos presentes cópias desses comentários e certifique-se de que estes serão discutidos durante a reunião. Se não fizer isso, correrá o risco de receber futuras críticas dos ausentes. Alguém poderá dizer: "Eu mandei os meus comentários por escrito, mas vejo que não foram considerados". O risco é que alguém se omita de suas responsabilidades porque não se considerou devidamente prestigiado.

REVISÃO FINAL

Existem muitas razões para fazer a revisão final do briefing de design. Em primeiro lugar, serve para verificar se não há informações erradas. Você deve conferir as informações sobre tendências setoriais da indústria para certificar-se de que estejam atualizadas. Também é importante que as informações sobre o público-alvo sejam confiáveis. Ainda, é preciso conferir se o portfólio da empresa é realmente relevante para os propósitos do projeto.

Depois disso, é necessário revisar os objetivos dos negócios, os resultados esperados e a estratégia de design, bem como todas as fases previstas do projeto. Deve-se prestar atenção nos prazos e orçamentos previstos para cada fase. Pode haver discussão sobre cada uma das seções, entre os membros da equipe. Os demais parceiros têm a responsabilidade de explicar e defender cada seção, em relação aos negócios.

Os apêndices, quando existirem, podem ou não ser incluídos nessa revisão. Devem ser incluídos se contiverem informações essenciais para o projeto. Do contrário, podem ser excluídos. Isso acontece no caso de materiais específicos que só interessam para algum detalhe do projeto.

O gerente de design pode utilizar esse processo, mais uma vez, como oportunidade para demonstrar que o design é uma disciplina para solucionar problemas relacionados com os negócios da empresa, de maneira mais profunda, e não apenas para criar apelos estéticos superficiais. Esse gerente pode demonstrar que há uma necessidade ditada pelos negócios da empresa, que será solucionada pelo design, problema que deve ser abordado de forma estratégica pelo grupo de design, a fim de melhorar a posição competitiva da empresa.

Há também diversos benefícios secundários relativos às diversas pessoas da empresa que participam do projeto desde o início, fornecendo informações ou tomando decisões. Elas se sentirão prestigiadas com isso e ajudarão na aprovação final do projeto.

Certa vez, durante uma apresentação, um alto dirigente ficou surpreso quando listamos todas as pessoas que tinham colaborado com o projeto. Recordo exatamente suas palavras: "Pensei que tudo isso fosse resultado de alguma extravagância de algum designer de sua equipe". Esse tipo de surpresa pode ser evitado, adotando-se um processo participativo e estratégico desde o início do projeto.

O BRIEFING APROVADO

Seu objetivo agora é obter a aprovação do briefing o mais rápido possível para que se possa iniciar o projeto. Eu sempre tomo cuidado para que todos os membros da equipe de elaboração do briefing assinem ou rubriquem a versão final. Além disso, as eventuais mudanças deverão ser feitas sempre com a concordância de todos.

Quando o briefing estiver aprovado, recomendo enviar cópias dele para todas as pessoas que participaram de sua elaboração, contudo sem qualificá--las como membros da equipe do briefing. Entre elas, incluem-se todas as pessoas que participaram das discussões e aprovações das diversas fases e também o responsável pela aprovação final. Eventualmente, algumas dessas pessoas farão sua leitura e apresentarão comentários, eventualmente negativos ou reprovadores. Se forem procedentes, será necessário fazer uma revisão do briefing. Outras vezes, tais comentários representam apenas opiniões pessoais, colocações subjetivas ou marginais, que não interferem naquilo que foi proposto. Muitas pessoas não resistem à tentação de dar palpites e oferecem ideias para solucionar o problema.

Lembro-me o caso de uma pessoa que leu o briefing e sugeriu: "Colocar um monte de estrelas na capa como símbolo da nossa linha de produtos *Estelar*". Não é recomendável transformar a atividade de design em um trabalho em comissão. Nesse caso, mandei um cordial agradecimento, explicando que o projeto seria realizado por um grupo que se esforçaria para alcançar os resultados previstos e satisfazer aos objetivos dos negócios. Pode-se informar, também, que haverá um sistema de acompanhamento do projeto e que cada etapa deverá passar pela aprovação das pessoas designadas para isso.

Como gerente de design, trabalho separadamente com a equipe de elaboração do briefing e o meu próprio grupo de design. A equipe de elaboração envolve representantes não designers de outros setores da empresa. Já o meu grupo participa da elaboração da minuta do briefing e de discussões internas, quando necessário. Naturalmente, quando o briefing estiver aprovado, vou destacar algumas pessoas do meu grupo para desenvolver o projeto descrito no briefing.

Tendo trabalhado como designer gráfico na maior parte da minha carreira, sempre tive uma colaboração intensa dos redatores, sempre os incluí nas reuniões para a criação das soluções. Em duas ocasiões, durante a minha vida profissional, tive redatores integrando o meu grupo de design. Quando as soluções envolviam técnicas especiais de impressão, eu convidava também representantes da indústria gráfica. Aprendi a fazer isso porque descobri que esses representantes podem oferecer soluções valiosas, desde que sejam consultados nas fases iniciais do projeto.

Outros tipos de projetos de design podem necessitar de ajuda sobre assuntos específicos, principalmente sobre materiais e processos industriais. Os designers não dominam todos esses conhecimentos, mas devem saber a quem recorrer se esses problemas surgirem.

SOLUÇÕES INTERNAS E EXTERNAS

Uma empresa pode organizar o seu próprio grupo interno de design ou contratar um escritório externo para desenvolver os projetos. No caso de grupo interno, os membros geralmente participam da elaboração do briefing. Entretanto, no caso de escritório externo, muitas empresas elaboram internamente o briefing e só depois vão contratar o executor do projeto. Pessoalmente, não aprovo esse procedimento. Penso que, tanto em um caso como no outro, os designers deveriam participar da equipe responsável pela elaboração do briefing.

Considero contraproducente apresentar um briefing pronto para os grupos de design, sejam eles internos ou externos à empresa, pois é importante que membros desses grupos participem de sua elaboração. É para isso que existem as propostas de projeto, como foi apresentado no Capítulo 1. A seleção do escritório externo poderia ser feita antes da elaboração do briefing, baseando-se na proposta de projeto. Assim, o briefing seria considerado uma das etapas iniciais do próprio trabalho contratado.

Trabalhei em muitas empresas que não mantinham grupos internos de design. Contudo, havia gerentes de projeto que representavam a empresa, supervisionando os trabalhos externos. Esses casos existem porque muitas empresas ainda não entenderam que o design pode exercer um papel estratégico nos negócios. Elas consideram que basta ter um gerente habilidoso para supervisionar os serviços de arte.

Se o gerente de projeto não for entendido em design, recomendo que a empresa trabalhe com propostas de projeto que sirvam para contratar o escritório externo de design. Só então seria elaborado o briefing, com a participação do gerente de projeto, representando a empresa, juntamente com as pessoas do escritório contratado. Assim, todos se sentirão responsáveis pelo sucesso do projeto. Do contrário, pode haver um jogo de empurra, e cada parte ficar culpando a outra se algo der errado. Portanto, o ideal, no caso de projetos externos, é ter um gerente da empresa que entenda de design. Ele deve participar efetivamente da elaboração do briefing e fazer acompanhamentos posteriores, durante o desenvolvimento do projeto.

CAPÍTULO 5

USOS DO BRIEFING

As estratégias de design fornecem instrumentos para que a equipe de projeto possa gerar conceitos criativos para o projeto. Como sabem todos os designers, essa criação não é tão fácil como muita gente imagina. A coluna das estratégias de design, já apresentada no Capítulo 3 e exemplificada na Tabela 2 (Capítulo 11), pode ajudar na busca de inspirações.

Não se deve gerar falsas expectativas. Em certa ocasião, trabalhei em uma empresa que perdeu credibilidade, pois anunciava produtos que ainda não existiam. Na ânsia de conseguir vantagem competitiva, anunciava produtos inovadores que ainda estava desenvolvendo, portanto, bem antes de ter protótipos desse produto. Para isso, usava apenas desenhos e ilustrações do produto. Na prática, o lançamento desse produto tomava muito mais tempo e a empresa perdia credibilidade, com sérios danos à sua imagem.

Para que essas coisas não aconteçam, há empresas que não aceitam colocar desenhos ou ilustrações em seus catálogos, mas apenas fotos de consumidores usando os produtos reais. Assim, devem ser criados anúncios que, além de trazerem ideias inovadoras, tenham credibilidade. Essa simples estratégia de design pode ser passada à equipe de criação com a seguinte orientação: "Todos os conceitos devem ser gerados com base nos produtos reais".

Muitas vezes, fico surpreso quando vejo pequenos grupos de designers reunidos para discutir as estratégias de design e rapidamente começarem a gerar conceitos criativos. Eles ficam imediatamente excitados e inspirados para fazer a geração de alternativas. É um bom começo para a solução do problema.

A elaboração prévia das estratégias de design contribui para acelerar o processo de desenvolvimento do projeto. O tempo que se ganha com isso é bem maior que aquele gasto na elaboração dessas estratégias. Alguns designers temem que essas estratégias limitem a sua criatividade, o que não deveria constituir-se em problema, porque sempre há a possibilidade de se fazer a revisão do briefing, caso surja alguma ideia genial que não estava prevista. Contudo, é necessário frisar que essa ideia genial só será aproveitável se for coerente com os objetivos dos negócios do projeto (ver Tabela 2). O briefing ainda deve representar uma solução efetiva do problema de design, e não apenas uma criação artística.

As estratégias de design podem ser utilizadas também como instrumento de acompanhamento dos trabalhos e avaliação dos conceitos gerados, os quais podem ser conferidos para confirmar se realmente satisfazem os objetivos pretendidos. Por muito tempo, os designers gráficos disseram que seus trabalhos não poderiam ser avaliados em termos de negócios. Penso que se pode estabelecer critérios objetivos para substituir opiniões pessoais do tipo "Eu não gosto disso". Evidentemente, quando alguém diz "eu não gosto disso", está manifestando a sua opinião sincera. Contudo, pode-se estabelecer critérios para avaliar se determinados conceitos gerados satisfazem os objetivos dos negócios.

A natureza do design tem a sua subjetividade, ou seja, nada é absoluto. Como diz o velho ditado, "a beleza está nos olhos de quem vê". Esse simples ditado reflete a dificuldade do trabalho do designer: enquanto a arte pode ser completamente subjetiva, o mesmo não deve acontecer com o design. Não se pode permitir que as discussões sobre design adentrem no campo muito subjetivo dos gostos, sentimentos, preferências e opiniões pessoais.

Costumo estabelecer algumas normas desde a primeira reunião para se discutir qualquer trabalho de design. De acordo com essa norma, ninguém, inclusive eu, poderá usar termos como "eu penso", "eu acredito", "eu prefiro", "eu suponho", "eu acho", "eu sinto", "eu gosto" e "eu não gosto". Explico que esses termos expressam opiniões muito pessoais e podem ser pouco relevantes para a solução do problema. Você pode gostar do azul, e eu, do vermelho, mas essas preferências pessoais não contribuem para resolver o projeto. Em vez disso, a discussão deveria ser feita em termos mais objetivos, tais como: "Deve-se adotar a cor azul porque é a tendência atual da moda, de acordo com a pesquisa feita pela agência A" ou "Este conceito serve para resolver o problema, porque está de acordo com os critérios estabelecidos na seção xy do briefing". Dessa forma, as discussões são focalizadas no problema e na estratégia de negócios, e não apenas nas preferências e opiniões pessoais.

Se alguém lhe disser "Eu não gosto disso", aceite o sentimento sincero dessa pessoa, mas tente sair da subjetividade dessa manifestação, conduzindo a discussão para uma forma mais objetiva. "Eu aceito que você não goste, mas quais são os aspectos (figuras, cores, *layout*) que não estão de acordo com os objetivos do problema?" Frequentemente, as pessoas simplesmente não conseguem dizer por que não gostam. Nesses casos, o designer deve ter argumentos suficientes para explicar que o conceito foi adotado porque estava de acordo com os objetivos de negócios da empresa. Se o designer conduzir a discussão apenas em termos subjetivos, provavelmente não será bem-sucedido.

APROVAÇÃO NOS DIVERSOS NÍVEIS HIERÁRQUICOS

A parte do briefing que define o objetivo do projeto, prazo e orçamento serve como um guia para desenvolver o projeto. Existem muitas técnicas para fazer o acompanhamento do projeto, o que pode ser feito de forma manual, ou a partir da utilização de diversos programas de *softwares* disponíveis para isso. Gosto particularmente de um programa desenvolvido pela empresa Workflow by Design, programa informatizado para acompanhamento de projetos que foi adotado por muitas empresas.

Contudo, essa questão geralmente recai em um âmbito mais geral da empresa, pois ela provavelmente gostaria de fazer um monitoramento de todos os projetos em execução – e não apenas aqueles de design. Assim, ao final de cada dia, poderia verificar os progressos realizados, conferir o adiantamento ou atraso em relação ao previsto, e os gastos realizados. Esse acompanhamento evitaria o esquecimento ou omissão de certas atividades. Por exemplo, se houver necessidade de analisar os aspectos legais, isso já foi agendado com o advogado? Se esses detalhes forem esquecidos, ou deixados para o último minuto, podem causar atrasos no cronograma.

É interessante envolver muitas pessoas-chave da empresa no início do projeto. Elas geralmente gostam de ficar informadas, o que também não constitui muito ônus para as mesmas. Sentindo-se mais envolvidas, essas pessoas mostram-se mais dispostas a colaborar em alguma eventualidade e colocam menos obstáculos à aprovação dos resultados.

Tradicionalmente, os designers costumam deixar os não designers fora do processo, porque há uma crença de que eles são muito críticos. Os designers deixam para comunicar tudo na última hora, para que os não designers não atrapalhem, resistência que pode ser reduzida se eles receberem informações sobre o projeto desde o seu início. Essa comunicação dever ser bem profissional, o mais objetiva possível, em linguagem de negócios. Deve-se dizer o que você está fazendo e como isso se relaciona com os objetivos da empresa. Ao fazer isso, dificilmente alguém reagirá de forma negativa.

Há casos também de ajudas externas valiosas. Conheço uma situação de um trabalho de design gráfico em que os designers chegaram à conclusão de que o melhor processo para se garantir a qualidade necessária seria a impressão metalizada. Contudo, era um processo caro, e o orçamento previsto, insuficiente. Ao envolver o gerente da gráfica desde o início, ele se interessou pelo assunto e procurou outro processo que proporcionava igual qualidade de impressão, sem custos adicionais. Provavelmente isso não teria acontecido se ele tivesse sido chamado de última hora.

Outra questão relaciona-se com a necessidade de aprovar o projeto nos diversos níveis hierárquicos da empresa. Os designers geralmente só gostam de mostrar o projeto quando o mesmo está concluído. Se tiver de passar por vários níveis de aprovação, um gerente de nível subalterno pede-lhe para fazer pequenas modificações, e você faz. No nível seguinte acontece a mesma coisa. E assim sucessivamente.

Chega um ponto em que seu projeto fica completamente desfigurado, um verdadeiro Frankenstein, não servindo para resolver o problema proposto. Contudo, se esses gerentes subalternos tivessem sido envolvidos desde o início, provavelmente proporiam menos mudanças. Além disso, ao ter uma visão global do problema, não fariam sugestões descabidas. É importante também aprovar o projeto por etapas, de modo que os pequenos erros sejam corrigidos logo, para que não se propaguem ao longo do projeto. Desse modo, quando o mesmo for apresentado para aprovação final, todos esses problemas intermediários terão sido sanados.

AVALIAÇÕES

Tenho o hábito de submeter o projeto a algumas avaliações externas durante o seu desenvolvimento. Ninguém pode se comportar como os pais de um bebê recém-nascido, que o consideram a coisa mais linda do mundo. Você e sua equipe estarão demasiadamente envolvidos e não conseguirão ter uma visão crítica do projeto. Eu faço pelo menos duas avaliações, submetendo as propostas a uma amostra do público-alvo. A primeira, na fase inicial de geração de conceitos, e, depois, quando a alternativa preferida for selecionada.

Como se pode fazer isso? O modo mais rápido e simples é ir diretamente ao seu público-alvo. Quando eu já tenho três ou quatro conceitos gerados, peço para acompanhar o homem de vendas durante uma tarde. Naturalmente, não se pode interferir no processo de venda. Contudo, após a venda realizada, solicito alguns minutos de atenção do consumidor. Eu simplesmente peço para ele ou ela manifestar-se sobre cada um dos conceitos, sem entrar em detalhes.

Os consumidores geralmente gostam de dar palpites e costumam ser bem sinceros. Às vezes, descobre-se que o seu conceito favorito não é o preferido deles, o que indica que algo está errado. É melhor descobrir isso agora, quando ainda é fácil de corrigir, a baixos custos. Esse método pode ser considerado científico? Absolutamente não! Mas acho que é barato, rápido e suficientemente confiável para avaliar conceitos.

Mais à frente, quando o projeto já está próximo do término, costumo usar técnicas mais formalizadas de avaliação. O objetivo dessa avaliação é verificar se todos os objetivos previstos foram alcançados, de acordo com aquilo que estava descrito no briefing.

PÚBLICO-ALVO

Os designers precisam ter todas as informações possíveis sobre o público-alvo do projeto. Afinal, é o público-alvo que vai determinar, finalmente, se o projeto atingiu ou não os objetivos previstos. Há inúmeros exemplos de produtos que não foram bem-aceitos pelos consumidores e que causaram enormes prejuízos às empresas que os lançaram.

No caso dos grupos internos de design, a consulta ao público-alvo é feita rotineiramente. Devido a isso, os projetos desenvolvidos por grupos internos podem ser menos demorados que aqueles realizados por escritórios externos. Contudo, se você tem pessoal novo em sua equipe ou se o projeto é executado por um escritório externo, é necessário investir na pesquisa do público-alvo antes de começar o projeto.

Todas as informações sobre o público-alvo são críticas para o design. Por isso, não posso caracterizá-lo de forma simplista como "mulheres, entre 20 e 30 anos" ou "executivos," como já vimos no Capítulo 3. Os designers, por dever de ofício, devem conhecer esse público-alvo melhor que qualquer outra pessoa na empresa, só assim eles terão competência para ocupar uma posição estratégica.

OUTRAS SEÇÕES DO BRIEFING

Uma das razões de minha rejeição aos briefings muito resumidos, ou pior, aqueles verbais, é que eles não apresentam certas informações essenciais ao design. O briefing deve ser completo, o mais detalhado possível, com envolvimento de todos os interessados, sejam eles designers ou não. Isso funciona como uma partitura, para que todos toquem a mesma música.

Um briefing bem elaborado pode ser usado como um ponto de referência comum, para haver convergência de esforços na busca de uma solução criativa. Se surgirem novas informações ou soluções extremamente criativas que não se enquadrem no briefing, este deverá ser revisto. Nesse caso, todas as pessoas que participaram da elaboração anterior do briefing devem ser comunicadas. Devem ser informadas não apenas das mudanças introduzidas, mas também das razões para isso.

Um briefing completo funciona como um guia seguro na busca de soluções para o problema proposto. Ele deve apresentar um conjunto de informações, como o portfólio da empresa, análise setorial, dados de pesquisas e outras informações relevantes. O apêndice pode ser uma parte importante se contiver informações valiosas, como catálogos dos concorrentes, recortes de jornais ou artigos científicos, que sirvam de apoio ao desenvolvimento do projeto.

Todas as seções do briefing devem ser discutidas francamente com a equipe do projeto. Isso é particularmente recomendado quando alguns deles não participaram da elaboração do briefing. Baseando-se em um documento escrito, essas discussões podem ser realizadas com bastante objetividade.

Todos os briefings devem ser arquivados para consultas futuras, para o caso de a empresa realizar o redesign do produto ou desenvolver outros produtos semelhantes. Parte das informações contidas nesses briefings pode ser atualizada e reaproveitada, economizando-se tempo e esforço na elaboração dos futuros briefings.

CAPÍTULO 6

ANÁLISE DOS CONCORRENTES

Mencionei anteriormente que se deve fazer uma pesquisa dos principais concorrentes da empresa, examinando-se produtos, embalagens e suprimentos produzidos por eles. As equipes internas de design devem fazer isso rotineiramente, coletando e analisando sistematicamente esses materiais. Com essas coletas consegue-se elaborar um panorama e traçar uma tendência daquilo que o público-alvo está recebendo dos principais concorrentes. Os escritórios externos de design também podem observar o comércio e coletar as amostras significativas. As equipes internas levam vantagem nesse particular, pois podem acompanhar a evolução dos concorrentes a longo prazo, enquanto as equipes externas só fazem uma amostragem instantânea, na ocasião em que forem contratadas para realizar o projeto.

As grandes empresas costumam investir consideráveis montantes de dinheiro, tempo e recursos humanos na análise dos concorrentes. Os produtos dos concorrentes costumam ser adquiridos, desmontados e analisados cuidadosamente, de forma regular, contando-se com equipes próprias para isso. Além dos aspectos tecnológicos, ligados a materiais, componentes e processos, analisam-se também os aspectos mercadológicos, como vendas, participação no mercado, lucratividade e outros. Contudo, essas análises raramente incluem os aspectos de apresentação visual dos produtos. Nesse processo, as boas soluções são adaptadas e incorporadas à linha de produção e de distribuição da empresa, método chamado de *benchmarking* e que não deve ser confundido com simples cópias. Evidentemente, existem também os produtos protegidos pela lei de propriedade industrial (patentes), que precisam ser respeitados (ver Capítulo 11).

Todas as informações relativas aos consumidores interessam ao design. Seria conveniente que a equipe de design recebesse esses tipos de informações de forma rotineira, a fim de acompanhar a evolução do mercado. A análise dessas informações pode indicar uma oportunidade para o desenvolvimento de um novo produto. Mapeando-se todos os concorrentes, pode-se verificar, por exemplo, que determinado segmento do mercado ainda não foi descoberto, indicando uma "janela" de oportunidade para o desenvolvimento de um novo produto que atenda a esse segmento do mercado.

Contudo, o design deve realizar as suas próprias análises, organizando um painel visual dos concorrentes e das soluções de design adotadas. Fazendo isso, o designer se capacitará a contribuir continuamente para a melhoria dos negócios da empresa.

ACOMPANHAMENTOS SISTEMÁTICOS

A prática mais comum é coletar tudo o que se consegue dos concorrentes, para uma comparação com os seus próprios produtos. Você consegue saber o que os concorrentes estão fazendo realmente bem, além de analisar os detalhes dos componentes, materiais, processos e acabamentos utilizados. Nos últimos anos, essa análise dos concorrentes tem incluído também os *websites* das empresas. As vantagens competitivas dos concorrentes podem recair em certos aspectos, como preço, funcionalidade, durabilidade, valor, elegância, facilidade de manutenção e outros. Porém, no nosso caso, o mais importante é verificar se os concorrentes estão usando o design como uma vantagem competitiva: quais são os elementos de design que estão funcionando bem (fortalezas) para eles? Como conseguem fazer isso? Onde estão as fraquezas?

Em design gráfico, costumamos ter uma grande sala, chamada de "sala de guerra", onde os principais materiais dos concorrentes são pendurados nas paredes. Convidamos os ocupantes de outros cargos, como *marketing*, vendas, produção e outros, para analisar esses materiais junto com o grupo de design. Essa é uma experiência inédita para muitos deles, que confessam que nunca tinham pensado no design como um elemento de vantagem competitiva. Para eles, design parece coisa muito subjetiva, não merecendo maior atenção.

Convidamos os ocupantes de outros cargos para discussão e juntamos as observações deles com as do grupo de design. Interessam-nos particularmente as manifestações do público-alvo sobre as soluções de design dos concorrentes. Eu insisto para que o grupo de design saiba o máximo possível sobre os concorrentes, antes de começar a gerar conceitos para o nosso projeto.

Os não designers não nos ajudam diretamente, mas ficam impressionados com a nossa metodologia. O pessoal de *marketing* e de vendas costuma ter excelentes informações sobre o mercado, preços, distribuição e outros aspectos. A partir desses elementos, o design pode recolher insumos preciosos para melhorar a qualidade de seus trabalhos.

Após a análise dos concorrentes, procuramos listar as características que possam diferenciar o nosso produto daqueles dos concorrentes. Esse tipo de discussão costuma ser bastante produtivo e ajuda a economizar muito tempo do projeto. Com isso, os designers conseguem ter um bom panorama daquilo que está acontecendo no mercado. Além disso, são analisadas, também, as variações introduzidas pelos concorrentes para adequar-se às diferenças regionais e culturais de vários países, o que é particularmente válido quando se está projetando para o mercado global.

Apenas uma vez na minha vida profissional encontrei alguém com opinião diferente. No caso, era o presidente de uma grande empresa que se considerava líder do mercado, e todas as outras procuravam copiá-la. Havia uma ordem expressa: "Não se deve gastar tempo ou dinheiro analisando os concorrentes – deixem que eles nos analisem". Isso me parece uma postura muito arrogante. Eu não posso concordar com esse ponto de vista, pois acredito que algumas empresas, mesmo sendo pequenas, podem ser criativas e competitivas.

Assim, sugiro um acompanhamento sistemático dos concorrentes. Isso pode ser feito rotineiramente, mesmo que as informações geradas não tenham uma aplicação imediata, pois poderão ser muito úteis no futuro. Quando surgir alguma necessidade específica, isso poderá economizar muito tempo do projeto.

Tenho conversado com muitos executivos de empresas a fim de prestar serviços de consultoria. Fico surpreso como eles acreditam na fidelidade dos seus consumidores. Muitos afirmam que seus leais consumidores jamais pensariam em comprar produtos dos concorrentes. Então, vou em frente para entrevistar os consumidores. Ouço-os dizerem que estão satisfeitos com os produtos ou serviços de uma determinada empresa. Contudo, se encontrarem algo mais interessante, mais atraente, mais barato ou com algum outro aspecto melhorado, não hesitarão em experimentá-lo.

Os consumidores, na maioria dos casos, são volúveis. Eles estão sempre "antenados" para verificar aquilo que for melhor para eles. Portanto, a empresa precisa estar sempre atenta para verificar aquilo que os concorrentes estão oferecendo. No que compete ao design, é necessário analisar as configurações e as apresentações visuais, verificando como isso pode influir no processo de criação de novos produtos.

COMPILAÇÃO DO MATERIAL DOS CONCORRENTES

Reunir os materiais dos concorrentes pode ser um processo demorado e caro, principalmente se houver urgência. Recomendo que esses materiais sejam coletados de forma rotineira, aproveitando certas oportunidades. Uma das melhores formas é frequentar as feiras de indústrias, onde são lançadas as novidades. Os designers deveriam ser os primeiros profissionais da empresa a serem indicados para frequentar essas feiras. Pense nisso. Não existe outro lugar onde você possa ver tantos concorrentes reunidos e apresentando as suas novidades. Você pode encher várias sacolas com amostras, *folders* e cartazes de todos eles, de uma só vez!

Assim, é possível coletar, em apenas um dia, aquilo que poderia levar até um ano, a custos muito maiores. Muitos expositores permitem que se façam fotos e vídeos de seus produtos. Nesses casos, podem ser captados certos detalhes que interessam ao design, complementando as informações dos catálogos. Uma pessoa atenta pode ouvir também as explicações dos expositores sobre as inovações e a fatia do mercado que pretendem conquistar.

Não há nada de imoral ou ilegal nessa prática. Afinal, todos estão lá para se mostrar e você pagou a entrada para ver a exposição, como outra pessoa qualquer. Provavelmente, você será obrigado a usar um crachá identificando a sua empresa, e algum concorrente talvez não seja cordial para lhe mostrar determinados aspectos do produto. Contudo, um observador perspicaz é capaz de analisar o produto e tomar notas. Outros expositores permitem que seus produtos sejam fotografados. Assim, essas feiras são verdadeiras minas de ouro para se analisar os concorrentes.

Outra fonte interessante são os vendedores da empresa. Eles se relacionam diariamente com os consumidores e provavelmente ouvem muitos comentários sobre os concorrentes, de forma que eles só precisam saber o que você precisa e, naturalmente, por que você precisa de determinadas informações. Assim, eles poderão ficar atentos para determinados detalhes. Essa é uma excelente oportunidade para começar um bom relacionamento com os vendedores. Há também outras pessoas que podem fornecer informações valiosas. Se você estiver projetando para o mercado global, por exemplo, contate os representantes de outros países e peça a eles que lhe mandem exemplares de produtos, fotos ou catálogos dos concorrentes nesses países.

Quando estiver analisando os produtos concorrentes, tome notas ou faça esboços dos aspectos notáveis e das boas soluções de design. Esses detalhes podem passar despercebidos para os não designers, mas podem constituir rico material de estudo para os profissionais em design.

Qualquer que seja a forma de coletar e reunir materiais dos concorrentes, considere essa atividade como uma etapa importante da elaboração do briefing. Se você ainda não possuir esses materiais, faça uma previsão de tempo e recursos necessários para coletá-los e organizá-los.

CAPÍTULO 7

CONQUISTA DA CREDIBILIDADE E DA CONFIANÇA

Quero abordar agora uma questão que deve estar martelando em sua cabeça: "Concordo com tudo o que você está colocando, mas, tenho dificuldades na minha empresa. Lá o design não é considerado um assunto estratégico, como você insiste. Também não nos dão recurso e tempo suficientes para desenvolver o trabalho. O que devemos fazer?"

Essa é uma situação bastante comum. Na melhor das hipóteses, o design tem sido considerado um mal necessário. A direção da empresa sabe que precisa do design, mas não lhe dá o devido valor. Nos seminários que apresento pelo DMI (Design Management Institut) sobre as vantagens estratégicas do design, peço aos participantes que preparem duas transparências. Na primeira, devem colocar uma lista de palavras que descrevam a sua própria atividade de designer ou de gerente de design; e na segunda, outra lista descrevendo como os outros gerentes da empresa percebem o design. Também peço que incluam alguma imagem representativa da situação em cada transparência. Os resultados são fantásticos.

Com pequenas exceções, a primeira transparência inclui palavras como "criativo", "talentoso", "milagroso", "rápido", "superficial", "barato", "pouco relevante" e "salva-vidas". As imagens são algo como polvos com vários tentáculos ou alguém oprimido e incompreendido. Na segunda, aparecem palavras como "difícil", "lento", "bem-intencionado" e, frequentemente, o "mal necessário".

Passei esse exercício por mais de cinco anos. Curiosamente, nunca houve um participante que argumentasse: "Eu preparei apenas uma transparência porque me vejo exatamente como os outros me percebem". Apenas uma vez, uma participante entregou a segunda transparência em branco, argumentando: "Os gerentes não têm nenhuma percepção sobre mim e meu trabalho".

Contudo, em geral, os participantes sentem-se pouco prestigiados. "Eu faço um trabalho maravilhoso, opero milagres para a empresa, mas ela não me valoriza. A empresa me considera uma pessoa útil – e, apesar disso, não me ouve, não me dá tempo nem verba suficientes e nem me chama para as discussões desde o início dos projetos". Por que essas coisas acontecem ainda? A resposta é simples: a credibilidade dos designers tem sido baixa junto aos executivos da empresa e, assim, eles recebem pouca confiança para a tomada de decisões importantes.

Eu me lembro de outra apresentação curiosa. Um jovem participante explicou que coloca tempero, aroma, excitação e eficácia em seus projetos. Acrescentou que esses ingredientes contribuem para o enorme sucesso da empresa. Disse que era um *gourmet* e simbolizou isso com um ramo de manjericão. Na segunda transparência, indicou que os gerentes não designers acham difícil trabalhar com ele, alegando que não completa os trabalhos dentro do prazo, e não estão dispostos a ouvi-lo, embora concordem que apresente boas ideias. Acrescentou a imagem de uma salsa, dizendo: "Eles acham que tenho uma função decorativa, como uma salsa no canto do prato, mas não faço parte da iguaria principal". Gostei dessa apresentação pelos aspectos simbólicos e humorísticos para colocar aquilo que tenho ouvido sempre: "Eu sei que sou bom, mas sou pouco reconhecido".

Como já afirmei no Capítulo 1, a visão distorcida deles, não designers, deveria ser substituída pela nossa falha de comunicação. Essa falha explica a grande discrepância entre a nossa autoimagem e aquela que os outros fazem de nós. Cabe a nós mudar essa situação da dupla imagem, mesmo que isso leve algum tempo.

Você não pode acordar simplesmente na segunda-feira e dizer: "Eu li este livro durante o final de semana e agora conheço a forma correta para fazer os briefings. Daqui para frente, serei seu parceiro confiável e quero participar do processo desde o início". Ninguém acreditará que você se transformou tão rapidamente em um final de semana. Em vez disso, você deve mudar o modo de se relacionar com as pessoas, a fim de adquirir credibilidade e confiança delas. Isso exige algum tempo e muito esforço, até que os outros se convençam disso. A boa notícia é que isso é viável e muitos já conseguiram fazê-lo.

CRIAÇÃO DO VALOR

Desenvolvi um modelo para explicar a importância do design, tanto para os designers como para os gerentes de design que atuam em empresas. Esse modelo é apresentado esquematicamente na Figura 1.

Figura 1. Modelo para a criação do valor do design na empresa.

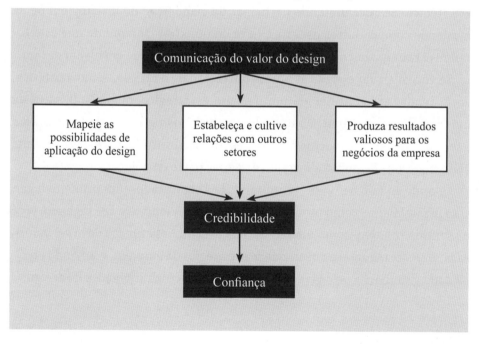

A comunicação do valor é a primeira etapa do modelo. Começa com o reconhecimento do seu próprio valor e do design. Muitos de nós reconhecem seu próprio valor, mas não sabem comunicá-lo efetivamente. Nem sempre aquilo que consideramos valioso em nós mesmos tem o mesmo valor para os outros.

Naquele exercício que descrevi no início deste capítulo, envolvendo as duas transparências, as qualidades listadas na primeira delas nem sempre correspondem às expectativas dos gerentes não designers da empresa. Essas qualidades correspondem às habilidades normais que qualquer gerente espera de seus colaboradores. Entregar os trabalhos dentro do prazo exíguo é uma coisa evidente. Dentro do orçamento apertado, também. Fazer vários trabalhos ao mesmo tempo? Muita gente faz isso também. Ser criativo? Bem, essa é uma das razões pelas quais você foi contratado. E a lista continua com outras obviedades.

Os designers costumam listar apenas as atividades táticas que exercem diariamente, mencionando raramente as atividades estratégicas. Os designers precisam aprender a falar a linguagem estratégica dos negócios, relacionada aos resultados desses negócios, para que possam atuar no nível mais estratégico. Se você pretende participar da elaboração do briefing em pé de igualdade com os outros gerentes, deve demonstrar claramente que está focando estrategicamente os resultados dos problemas que envolvem design.

Se você abordar apenas assuntos operacionais e táticos, como a estética, você jamais será considerado um parceiro estratégico, mas não passará de um "decorador" ou "artista", atuando no nível "cosmético" dos projetos. Não quero desprezar os aspectos táticos e estéticos. Contudo, você deve ter uma visão mais ampla, pois tudo aquilo é apenas parte da solução.

Quando eu falo de "você" refiro-me a dois significados. Em primeiro lugar, você pessoalmente, como profissional valioso para a empresa. Em segundo, você no sentido coletivo, como uma função do design. Essa função deve ser valorizada, transformando-se em atividade estratégica da empresa, ganhando credibilidade e confiança pelo gerenciamento adequado das atividades de design.

REFORMULANDO GRUPOS DE DESIGN

Tenho um grande amigo, John Tyson, graduado em design industrial. Até aposentar-se recentemente, foi vice-presidente da Northern Telecom, atual Nortel's Corporate Design Group. São raros os casos de designers que ascenderam à posição de vice-presidente. John Tyson conseguiu isso porque sabia comunicar o valor do design aos seus superiores.

A transformação da função do design dentro da Northern Telecom por Tyson e seu grupo é narrada por Artemis March no artigo *Paradoxal Leadership: A Journey with John Tyson*[1], publicado no *Design Management Journal*, no outono de 1994. Consegui autorização da autora para reproduzir parte desse artigo, pois considero um bom exemplo de comunicação do valor do design.

Trechos do artigo de Artemis March: *Paradoxal Leadership: A Journey with John Tyson*

A administração superior da Northern Telecom descobriu que o design não era devidamente prestigiado pela empresa. Essa função deveria ser reformulada se a Northern tivesse a pretensão de transformar-se em líder na área da comunicação digital. O presidente do grupo chamou John Tyson, então vice-presidente de desenvolvimento do mercado, e propôs: "Estou pensando em reconduzi-lo ao seu velho grupo – para fazer algo bem grande". Tyson respondeu prontamente: "Provavelmente não será suficientemente grande".

O "velho grupo" de Tyson era o Design Representativo, um setor criado em 1973, alguns anos após ele mesmo ter sido contratado como o primeiro designer na empresa. Mas ele tinha saído desse setor em 1983. Explicou que estava "cansado de falar sobre design e não ser ouvido. Eles não valorizam o design. É algo invisível".

Hoje, essa unidade foi reformulada e transformada em Design Corporativo. Peter Trussler foi colaborador de Tyson desde o início e é o atual dirigente dessa unidade. São dele as seguintes palavras:

Quando John entrou para a empresa, eles não sabiam como classificá-lo. Então colocaram-no como desenhista. Ele ficou muito

> *aborrecido com isso, achando que a empresa não valorizava o design e quase pediu demissão. Contudo, resolveu permanecer e acabou dando uma enorme contribuição. Ele era uma pessoa que aceitava os desafios e não tinha medo de riscos. Mostrava-se sempre disposto a colaborar com novas ideias. Ele era sempre chamado em épocas de crise ou quando se faziam necessárias novas ideias.*

Pode-se verificar que Tyson não era do tipo medroso e acomodado. Ele entendia bem o seu papel e conseguia comunicar claramente o valor do design. Outro trecho do artigo narra como ele reformulou o design na Northern.

> Nos três meses seguintes ao retorno de Tyson ao Design Representativo, ele e seu gerente trabalharam em um plano de seis passos para reformular a função de design. Esse plano seria executado passo a passo.
>
> O primeiro passo consistiu em reformular a função de design, transformando-a em um centro de excelência. Em segundo lugar, o grupo começou a estruturar uma política de ação. No terceiro, foi elaborada a estrutura orçamentária. No quarto, a definição do programa, e, no quinto, uma nova estrutura organizacional. O sexto e último passo foi apelidado de "pudim" – só se sente o gosto do pudim comendo-o.
>
> Uma das palavras mais usadas nesse processo era valor. O grupo de design estava sempre pensando em seu significado e como incorporá-lo aos produtos. O que é valor? Qual é o nosso valor? Como se cria valor? O que os consumidores valorizam? O grupo discutia também bastante sobre responsabilidades e como o trabalho coletivo poderia ser mais produtivo. Com esse tipo de discussões, o grupo chegou ao consenso de que o design deveria ser convertido em centro de excelência.
>
> Esse conceito não pode ser definido mecanicamente, mas Tyson usou uma linguagem metafórica:

Um centro de excelência resulta de um processo de convergência de responsabilidades, valores e lideranças, conjugados de forma dinâmica. Se você for um centro de excelência, terá responsabilidade de gerar valores para a empresa.

Quando ele fala em assumir responsabilidades, está pensando de forma paradoxal e dialética. Ele fala que muita gente cria valores para si mesmo. Contudo, o designer deve gerar valores para os usuários dos produtos, que acabam transformando-se em valores para a empresa, em consequência do sucesso desses produtos.

O centro de excelência transformou-se em conceito muito forte para a reformulação do grupo. Tyson e seu gerente pensavam em algo conciso, que capturasse o espírito da nova organização. Conseguiram, finalmente, redigir a nova filosofia de design, contida em apenas uma página. Esse documento foi assinado pelo presidente, confirmando o *status* de centro de excelência e alargando as responsabilidades do design corporativo para toda a empresa. Assim, tornou-se responsável pelo desenvolvimento de novos produtos, desde as etapas de definição, conceituação, especificação e projeto final. Nesse processo, deveria atuar junto ao pessoal de *marketing* e de produção.

Tyson e seu grupo concentraram-se naquilo que o grupo de design poderia proporcionar à empresa em termos de valores. Eles evoluíram, a partir de simples prestadores internos de serviços, para uma postura mais propositiva, criando valores para a empresa e dando uma contribuição efetiva para que ela pudesse alcançar a liderança no setor.

Eu incluí esses trechos do artigo da Artemis March por ser uma boa descrição de como um gerente de design foi capaz de comunicar o valor do design à administração superior da empresa. Seria interessante que outros grupos de design pudessem "reformular" a percepção do design dentro de suas organizações. Isso dá trabalho, mas vale a pena.

FALANDO DE VALORES

Existe um exercício interessante para verificar como as pessoas adicionam valor aos negócios. Você pode fazer esse exercício sozinho ou com a sua equipe de design.

Faça uma lista dos motivos que levam você ou sua equipe de design a adicionar valores para a empresa. Liste tudo o que vier à mente, sem se preocupar com a redação, mesmo que sejam coisas aparentemente pouco relevantes. Vá colocando tudo no papel, rapidamente, sem nenhuma censura. Em geral, as pessoas conseguem organizar longas listas em pouco tempo e se admiram: "Vejam quantas coisas nós fazemos". Deixe essa lista adormecendo por um ou dois dias. Depois retome-a para examinar item por item. Para cada item, pergunte: Esse assunto interessa aos gerentes não designers? Eles se preocupam com isso? Se a resposta for "não", risque o item.

Eu já passei esse exercício centenas de vezes e a maioria das frases é excluída durante esse reexame. Exemplos: "Eu sou bom em tipografia", "Tenho boa memória e consigo guardar detalhes dos projetos", "Sou amistoso e de fácil relacionamento", "Sei trabalhar bem com os espaços em branco". Essas frases constituem um conjunto de boas qualidades e boas intenções, que é, no entanto pouco significativo para a empresa.

Ao traçar uma linha sobre aquilo que você mesmo escreveu porque o assunto era irrelevante para a empresa, conseguirá visualizar aquelas coisas das quais você está sempre falando, mas que são pouco importantes para os seus colegas não designers. Com isso, você terminará com uma lista bem menor.

Agora tente fazer uma nova lista. Dessa vez, selecione os itens que os não designers poderiam considerar como valores adicionados e procure prestar atenção nas palavras usadas. Essa etapa será bem mais demorada que a primeira. A lista será menor, mas seu conteúdo será mais rico em informações sobre os valores que o design adiciona à empresa. Pense nos negócios – e não na estética. Que coisas o design pode fazer para melhorar os negócios da empresa?

Algumas das frases mais interessantes que encontrei nessa segunda rodada incluem: "Nós geramos uma grande vantagem competitiva", "Conseguimos diferenciar o produto da empresa no mercado fortemente competitivo",

"O material publicitário serviu para definir a estratégia da empresa", "Conseguimos aumentar o volume de vendas".

Esse tipo de colocações faz os gerentes não designers prestarem atenção. Outra declaração interessante que ouvi: "Nós somos os responsáveis pela comunicação visual de natureza estratégica no âmbito de toda a empresa, de acordo com uma resolução aprovada pela diretoria". Esse grupo parece que não está fazendo simples tarefas decorativas, visto que isso parece ser uma declaração de um grupo com visão estratégica dos negócios.

Para descobrir exatamente onde está o valor adicionado por você, tente fazer a mesma coisa em todas as outras situações. Alguns grupos desenvolvem "filosofias de design", como fez John Tyson. Adote posturas estratégicas em todas as oportunidades, nas cartas, apresentações, relatórios, reuniões, conversas diárias, e também nos briefings de design.

Nas reuniões, você frequentemente encontrará pessoas desconhecidas que lhe perguntarão o que você faz. Eu faço essa mesma pergunta nas aulas. Pergunto aos alunos como eles responderiam. A primeira reação é um "humm?" Depois vem algo parecido como: "Eu faço projetos de embalagens (ou outros produtos)". Depois eles emudecem porque não sabem como continuar. Com esse tipo de reação, não se consegue demonstrar a importância estratégica do design, por isso eu ouço frequentes comentários do tipo: "Esses garotos não passam de artistas bem-intencionados".

Muitos profissionais de recursos humanos descrevem os dois minutos críticos de uma entrevista. Eles dizem que os dois minutos iniciais são decisivos para se conduzir a entrevista com um candidato. Nesse tempo, o entrevistado deve ter capacidade de comunicar-se sucintamente, apresentando as suas qualidades genuínas. Da mesma forma, um profissional de design deveria aprender a comunicar o seu valor em dois minutos, mostrando os valores que você pode adicionar às operações da empresa. Isso exige alguma prática, mas pode ser muito útil para a mudança da percepção sobre o design no mundo dos negócios. Lembre que os executivos da alta administração costumam ter a agenda cheia e dois minutos é tempo precioso para eles.

Para ter valor no mundo dos negócios, primeiro, você precisa conhecer o seu próprio valor. Depois, precisa ter a capacidade de apresentá-lo de forma clara e simples na linguagem dos negócios. Se você não conseguir definir, para si mesmo, por que tem valor, dificilmente conseguirá comunicar isso aos outros. Você pode fazer esse exercício com o seu grupo de design. Reúna o grupo para cada um deles falar dos seus valores pessoais e quais valores podem acrescentar à empresa. Isso vai ser bem mais animado que as reuniões burocráticas, onde cada um fica falando sobre relatórios monótonos.

EXPOSIÇÃO DE DESIGN

Certa vez apresentei um seminário para um grupo de gerentes de design gráfico, abordando o assunto anterior. Um dos participantes contou que seu grupo tinha a tradição de se reunir antes das datas festivas, e cada um produzia um cartaz alusivo a essas datas. Por exemplo, antes do Natal, cada um produzia um cartaz com motivos natalinos. Todos os trabalhos eram expostos no corredor. Esse participante disse que os empregados da empresa divertiam-se vendo os cartazes expostos. Essa era a única produção que a equipe de design mostrava aos demais funcionários.

Naturalmente, esse grupo não sabia que estava reforçando a ideia dos designers apenas como artistas, capazes de criar coisas interessantes e divertidas. Após o seminário, esse gerente enviou-me o seguinte e-mail:

> Foi um prazer participar do seu seminário. Aprendi muitas coisas interessantes e já estou colocando-as em prática. Marquei uma reunião com o meu grupo, como você sugeriu. Uma das coisas que decidimos foi remover nossos cartazes de cunho artístico expostos no corredor. Em vez disso, resolvemos preparar *displays* com exemplos dos nossos melhores projetos, descrevendo os objetivos do negócio e destacando as contribuições do design. A nossa próxima mostra vai ser um exercício tipográfico contendo o nosso novo lema: "O Grupo de Design acredita que o Bom Design é um Bom Negócio. Objetivos do Negócio + Design Estratégico = Ótimos Resultados nos Negócios". Ainda planejamos expor alguns dos prêmios conquistados e estudos de caso, mostrando antes e depois dos nossos trabalhos.

Não é preciso dizer que ganhei o dia com esse e-mail. Esse grupo conseguiu mudar a imagem interna do design, dando-lhe uma conotação positiva como elemento essencial da estratégia de negócios da empresa. E eles estão fazendo isso de forma muito competente, com bastante visibilidade.

PAPEL DO DESIGN NOS NEGÓCIOS

Todos os designers e gerentes de design devem entender como o design pode adicionar valor aos negócios. Reforço que o design é uma disciplina de solução de problemas. Se ele estiver inserido em um ambiente de negócios, então deve solucionar problemas de negócios, e pode contribuir para isso, de forma bastante ampla.

Tenho um amigo que é um brilhante profissional de finanças. Ele me disse que o design pouco pode contribuir para a resolução dos problemas reais de negócios. Segundo ele, o design seria apenas um veículo, um meio para informar sobre os produtos ou serviços da empresa. Posso dizer que essa é a visão predominante no mundo dos negócios, embora existam algumas empresas que conseguiram sucesso ancoradas em design. Um exemplo é a empresa dos cartões comemorativos, anteriormente mencionada no Capítulo 3. Contudo, são exceções.

O profissional de design tem a responsabilidade de mudar esse estado de coisas. Francamente, temos feito um jogo de perdedores durante muitos anos. Para mudar esse jogo precisamos, primeiro, entender o papel do design nos negócios.

Quais são os problemas que sua empresa está enfrentando? O que provoca insônia no presidente da empresa? Quais são os principais entraves? Aí, você deve pensar: "De que forma o design pode contribuir para solucionar esses problemas?"

Apresento um caso real para ilustrar. Contudo, a pedido da empresa, foram feitas algumas adaptações.

O CASO DA EMPRESA ELETRÔNICA

Harry é o gerente de design de um grande fabricante de produtos eletrônicos de consumo de baixos preços, como televisores, rádios, vídeos e outros. O grupo de Harry tem especialistas em design de produtos, design gráfico e embalagens, respondendo por toda a produção gráfica da empresa. Embora a produção esteja localizada em um país asiático, o mercado predominante está nos Estados Unidos.

A empresa conquistou uma fatia significativa do mercado graças aos baixos preços. Seus produtos situavam-se entre os mais baratos. Ela vendia nas grandes cadeias, como Kmart e Walmart. Embora os produtos fossem baratos, apresentava seu design de forma muito competente.

Mas ocorreu uma mudança no mundo dos negócios. Houve aumento dos custos de produção e distribuição, aumento das tarifas de importação e maior exigência de retorno dos investidores. Assim, a empresa não foi capaz de manter os baixos preços. O presidente da empresa ficou em dúvida se esses aumentos de preços seriam aceitos pelos consumidores. Ele estava sob intensa pressão dos acionistas para manter a lucratividade e a participação no mercado.

O presidente fez inúmeras reuniões com os seus gerentes, visando elaborar uma estratégia para reposicionar a empresa no mercado. Ele contratou uma famosa empresa de consultoria para elaborar um plano estratégico. Harry, o gerente de design, conhecia as aflições da empresa e sabia das reuniões de alto nível que estavam ocorrendo, mas nunca fora convidado a participar delas. Ele esperava ansiosamente pelo plano que poderia dar novas diretrizes à atuação do design na empresa.

Isso, infelizmente, é uma cena comum. Os designers ficam à margem das grandes decisões, ou ficam esperando passivamente por alguém que lhes diga o que deve ser feito. Nesse caso, Harry poderia ter adotado uma postura proativa. Ele tinha perfeita compreensão do papel do design e tinha habilidade de comunicar a potencialidade do design ao presidente da empresa. Contudo, permaneceu sentado em seu escritório, passivamente, porque não foi convidado a participar das reuniões de alto nível.

Certamente, há muitas formas de contribuições que o design pode prestar à empresa. Nesse caso, está claro que todos os aspectos do design poderiam ser revistos. Poderiam ser realizados redesenhos dos próprios produtos, embalagens e material promocional, reduzindo os custos sem sacrificar a participação no mercado e a margem de lucros.

Harry me contou que não se sentia preparado para participar das reuniões de alto nível. Ele se considerava um designer, um gerente de design e não um mago das finanças. Bem, você não precisa ser um mago das finanças para entender o papel do design nessas ocasiões de crise. Naturalmente, nem todos os problemas dependem apenas do design. O design pouco pode fazer para reduzir as tarifas de importação e também não pode reduzir os salários e os benefícios sociais dos empregados da produção. Mas o design pode reduzir os custos das matérias-primas, especificando-se diferentes materiais ou realizando projetos mais econômicos e racionais, além de poder eliminar alguns custos de embalagens e materiais promocionais. Enfim, o design pode ter um papel fundamental para melhorar a imagem da empresa junto ao público-alvo.

Infelizmente, Harry estava tão concentrado em gerenciar a estética dos produtos que foi incapaz de pensar mais amplamente em outras potencialidades do design. Porém, sendo um dos gerentes de uma grande empresa, ele teria a obrigação de colocar o design como um dos fatores estratégicos dessa empresa.

DIFUSÃO DO DESIGN NA EMPRESA

Se você ainda não acredita nas potencialidades do design, faça o seguinte exercício. Pegue o organograma de uma empresa qualquer e analise as funções de cada setor, sem se preocupar com os nomes dos ocupantes dos cargos. Para cada função, liste as possíveis atividades que o design poderia exercer. Faça isso para todas as funções. Ao terminar, você terá uma lista de coisas que o design poderá realizar e verá que não é pouca coisa. Isso pode acontecer em qualquer tipo de empresa.

Algumas pessoas argumentam que certos setores não necessitam de design. Pegue, por exemplo, o almoxarifado: ele está bem sinalizado? É fácil de localizar os materiais armazenados? Os empregados usam uniformes? Os formulários e documentos são bem desenhados? E o serviço de alimentação? Há cardápios? A marca da empresa está impressa nos pratos e guardanapos? Bem, acho que você já entendeu. O design pode estar em todos os cantos da empresa.

Quero dizer apenas que o design, quando é posicionado estrategicamente, pode prestar um grande serviço às empresas. Mais uma vez, considero que o design pode ser prescindível à vida das empresas. Naturalmente, muitas delas podem sobreviver sem o design. Contudo, existem também aquelas que investem maciçamente em design como um de seus principais trunfos competitivos.

Durante a minha carreira profissional, muitas vezes procurei gerentes de outros departamentos e pedi para participar de reuniões com o pessoal deles, a fim de explicar como o design poderia ajudá-los. Muitos deles estavam convencidos de que não precisavam do design de forma rotineira. Nessas reuniões eu falava durante dez a quinze minutos sobre os trabalhos que o design poderia realizar para eles e colocava-me à disposição para as eventuais colaborações. Assim, por exemplo, pude ajudar o pessoal da alimentação a imprimir corretamente a logomarca da empresa nos guardanapos. Eu não me oferecia para fazer o trabalho, propriamente. Eu simplesmente os aconselhava, encaminhando uma solução possível. Essa prática trouxe diversas consequências:

- muita gente passou a entender como o design poderia ajudar em suas tarefas diárias;
- melhora da visibilidade do design dentro da empresa;
- transformação da profissão de design em uma carreira dentro da empresa;
- compreensão pessoal das principais atividades de cada função;
- estabelecimento de alianças mutuamente proveitosas em toda a empresa.

Com isso, mesmo aqueles que não tinham nenhum problema imediato de design, ficaram atentos e passaram a nos chamar, quando necessário. O diálogo e a aceitação do design ficaram mais fáceis em toda a empresa. Por exemplo, o envolvimento de outros setores para a elaboração de novos briefings ficou mais fácil e rápido, pois não precisávamos explicar novamente as funções do design. Enfim, deixamos de ser taxistas e nos transformamos em uma empresa de transportes.

VALIOSAS RELAÇÕES MÚTUAS

Criar relacionamentos mútuos ao longo de toda a organização é importante para que o design possa transformar-se em parceiro estratégico. Contudo, tenho constatado que os gerentes de design não trabalham adequadamente na construção dessas parcerias. Parece que os designers têm dificuldade de se relacionar proativamente com os outros setores da empresa.

Apresento mais um exemplo real dessa falta de comunicação: uma grande companhia de alta tecnologia, líder no setor, incorporou uma pequena empresa, a fim de criar uma nova divisão e oferecer produtos inovadores no mercado. Devido a acordos contratuais, o antigo dono dessa pequena empresa foi conservado como diretor da nova divisão, sendo-lhe assegurada uma grande autonomia administrativa. Ele era um engenheiro brilhante e bom administrador e sabia que teria apenas um ano para demonstrar a sua competência e gerar lucros, ou seria demitido.

O diretor dessa nova divisão contratou um pequeno escritório de design para produzir a logomarca, embalagens, papelaria e outros itens de design gráfico. O dono desse escritório tinha sido colega de escola do diretor. O gerente de design da matriz não ficou sabendo dessa contratação, até que o trabalho ficasse pronto. Esse trabalho, realizado para a nova divisão de forma independente, não tinha a menor coerência com o estilo da matriz. Além disso, o trabalho foi considerado de baixa qualidade.

O gerente de design da matriz reclamou para o seu chefe, dizendo que o trabalho realizado na filial não seria aceitável. Além disso, o resultado teria sido diferente se ele tivesse sido envolvido desde o início. Esse chefe explicou pacientemente ao gerente de design que o diretor da nova empresa tinha feito isso na melhor das intenções. Ele tinha autonomia e deveria tomar algumas providências rápidas. Além disso, não teria nem tempo e nem verba para refazer o trabalho. Por fim, aconselhou o gerente de design a esquecer o assunto, considerando o trabalho como um fato consumado. Isso provavelmente não teria ocorrido se o gerente de design da matriz tivesse adotado um comportamento mais proativo na construção de parcerias com as empresas filiadas.

CONSTRUÇÃO DAS PARCERIAS

No atual mundo dos negócios, são muito frequentes as aquisições, fusões, acordos comerciais e alianças entre empresas. De acordo com essa tendência, pode haver também compartilhamento dos trabalhos de design. Há casos em que é mantido um estilo padronizado para a matriz, mas com diferenciações para cada empresa filiada. Isso tem transformado a forma de atuação do design.

Voltando ao nosso exemplo anterior, vimos que um engenheiro brilhante construiu bem a pequena empresa, ao ponto de chamar a atenção da empresa líder no setor. Foi feita uma oferta "irrecusável" e esse engenheiro deixou de ser dono e passou a ser diretor de divisão assalariado, subordinado à matriz. Precisando mostrar serviço a curto prazo, resolveu imprimir uma marca pessoal na divisão. A maneira mais fácil que ele encontrou foi a de contratar um designer para produzir uma nova apresentação visual de sua divisão.

Temendo que a matriz pudesse impor o estilo padrão da corporação à sua divisão, apressou-se em contratar o seu ex-colega designer para produzir o seu próprio material visual. Ele supunha que a matriz, ao ver o material já pronto, dificilmente mandaria refazê-lo. Seria pouco provável que a matriz se preocupasse com um assunto de menor relevância, quando estava buscando um retorno rápido do investimento realizado na aquisição da pequena empresa.

Nesse caso, houve uma omissão do gerente de design da matriz. Ele poderia ter sido mais proativo, procurando o diretor da nova divisão, logo após a aquisição, para explicar a política de design da matriz. Ele poderia ter deixado um manual de recomendações para padronizar a imagem da corporação, a fim de orientar o trabalho do designer contratado. Ele também poderia ter apresentado sugestões e oferecido ajuda para eventuais colaborações. Contudo, o gerente perdeu a oportunidade de estabelecer essa parceria mutuamente proveitosa com o novo diretor. Tendo se omitido, foi surpreendido com um fato consumado que o deixou muito contrariado. Depois, foi obrigado a correr atrás do prejuízo, tomando tempo do seu superior e provocando desgastes da sua função. Em vez de atuar positivamente na consolidação da imagem empresarial, teve de atuar como "polícia" para corrigir desvios. E, o pior: não foi bem sucedido nesse intento.

Quando discuti a função do design na empresa, sugeri usar o organograma para mapear as possíveis colaborações que se poderiam estabelecer com os diversos departamentos da empresa. Essa sugestão pode ser ampliada para o caso de grandes corporações, que englobam diversas empresas filiadas. O responsável pelo design da empresa-mãe poderá agendar visitas a cada uma das filiadas, a fim de explicar a política de design, visando estabelecer parcerias. Com isso, poderá ser construída uma imagem global e coerente para toda a corporação.

Como já expliquei anteriormente, uma das alianças que me ajudou muito foi com o departamento jurídico. Tudo o que fazemos hoje em design pode ter implicações legais, principalmente aquelas relacionadas com patentes, marcas, direitos autorais e uso de imagens (ver mais detalhes Capítulo 11). Então, é melhor atuar preventivamente, evitando problemas posteriores.

Construir essa teia de relacionamentos exige muito tempo, dedicação, paciência e tato, principalmente para ouvir as necessidades dos outros, e não apenas falar das suas potencialidades. Além disso, o gerente de design deve ter muita persistência até ser reconhecido como um parceiro de credibilidade e confiança para ser consultado quando aparecerem os problemas. Só assim ele se tornará um parceiro estratégico dentro da empresa.

IMPLEMENTANDO O TRABALHO COLABORATIVO

Trabalho colaborativo significa trabalhar *com* e não *para*. Retornando àquela analogia do taxista, apresentada no Capítulo 1, trabalhar *para* significa prestar um simples serviço. Isso seria o mesmo que levar o passageiro de um local para outro e depois esperar por outro passageiro e assim por diante, sem nenhuma ligação de um com outro. Em vez disso, se eu for um consultor de transporte, poderia trabalhar *com* o usuário, indicando o melhor meio para se fazer o deslocamento, adequando-o às suas necessidades, tempo e dinheiro. Esse tipo de interação poderá produzir maiores benefícios para ambos.

De forma semelhante, muitos designers pensam que são prestadores de serviços, atuando como taxistas. Ao agir dessa forma, perdem a oportunidade de se tornarem parceiros estratégicos dos negócios. Se você é um simples prestador de serviços, não terá um compromisso maior com o desempenho da empresa como um todo. Dessa forma, a atuação do design terá um caráter marginal, não se colocando no centro das decisões da empresa.

Como quase todos os outros designers, eu costumava usar o termo cliente. Hoje prefiro chamá-los de parceiros. Isso não é uma mera questão semântica. Reflete uma nova filosofia de trabalho, em que o design atua conjuntamente com os outros setores da empresa, na busca de soluções. Todos passam a ser corresponsáveis pelos resultados.

Isso é fruto de um longo caminho percorrido, durante anos. Aprendemos a explicar claramente o valor do design, em linguagem de negócios, aos não designers. Procuramos mudar o entendimento sobre o design, não mais como decoração, mas como representação visual da estratégia empresarial. Atuamos de maneira proativa junto aos outros setores da empresa, construindo alianças sólidas e duradouras. Assim, viramos parceiros na busca da solução e não meros prestadores de serviços ocasionais.

Relacionar-se com as pessoas nem sempre é fácil, exige autoconfiança, conhecimento e crença nos valores do design. Infelizmente, isso não se ensina nas escolas de design. Aprendemos a ser profissionais competentes, mas não sabemos como nos tornar colegas de trabalho confiáveis. Tente imaginar quem trabalha bem, nesse sentido, entre os seus conhecidos.

Profissionais como médicos, dentistas, advogados, engenheiros e quase todos os outros se imaginam necessários, devido às suas competências profissionais. A rigor, eles prestam serviços aos seus clientes. Contudo, aqueles bem-sucedidos geralmente constroem um relacionamento mais duradouro, como no caso do médico de família, que é consultado sobre diversos problemas de saúde, e não apenas sobre uma doença específica. O mesmo deveria acontecer com a profissão de design. Um serviço artístico (tratamento de doença) nunca será verdadeiramente valorizado no mundo dos negócios. Outra postura mais ampla e estratégica do design, relacionada com os negócios da empresa (preservação da saúde), provavelmente será mais valorizada.

REMUNERAÇÃO DOS GRUPOS INTERNOS DE DESIGN

Um tema que aparece frequentemente em meus seminários é sobre remuneração dos grupos internos de design. É evidente que os escritórios externos devem ser remunerados, pois é assim que eles se sustentam. Contudo, teria sentido em pagar também aos grupos internos?

Eu, pessoalmente, não concordo com essa remuneração aos grupos internos, pois isso transformaria os designers em meros prestadores de serviços, como na analogia com o taxista. Se um sistema desses fosse implantado, significaria que os gerentes não designers poderiam contratar escritórios externos, pagando a mesma coisa. Além disso, eles poderiam pensar que é mais fácil lidar com grupos externos, aos quais estão pagando.

Tive de enfrentar um problema desses apenas uma vez na minha vida. Quando fui contratado para chefiar o grupo de design da Digital Equipment Corporation, com cerca de cem pessoas, havia um sistema de custeio implantado desde o início da empresa. Havia uma taxa horária para cada pessoa do meu grupo. Essa taxa era determinada pelos respectivos custos diretos, como salários, benefícios e materiais gastos, acrescentando-se o rateio de todos os custos indiretos. Nesses custos eram incluídos itens como gastos com energia e aluguel do espaço. Isso é mais ou menos o que faz um escritório externo para calcular os seus custos. A empresa era dividida em centros de custo e havia transferências contábeis de um centro para outro. Cada empregado era obrigado a conseguir um retorno de, pelo menos, 68% de seu tempo disponível, em cada semana, prestando serviços aos outros centros de custo. Sentia-me um administrador de botequim dentro de uma grande empresa.

Todos os meses, eu era obrigado a preparar complicadas previsões de receitas e despesas para alcançar um equilíbrio financeiro do meu centro de custo. Essa burocracia me tomava muitos dias, todos os meses. Além disso, os "clientes" internos ficavam me ameaçando constantemente, dizendo que poderiam recorrer aos escritórios externos, caso o nosso trabalho não fosse executado rapidamente, como eles desejavam.

Logo percebi que esse sistema de custeio não funciona. Se operasse a minha própria empresa de design, provavelmente teria de organizar um sistema de custeio semelhante a esse. Contudo, fazendo parte de uma grande empresa, com atividades interligadas entre os vários setores, não vejo necessidade de tanta burocracia. Os meus talentos seriam melhor aproveitados em projetos de design, propriamente, e não como contador.

As pessoas do meu grupo trabalhavam com medo, sob pressão. Eles temiam que, se não conseguissem atingir a meta exigida, poderiam ser dispensados. Como resultado, aceitavam fazer qualquer tipo de trabalho, apenas para garantir seus créditos, em horas. Eles eram obrigados também a preencher folhas diárias, justificando a ocupação de seu tempo. Semanalmente, eu deveria dar um visto nelas.

Penso que esse tipo de sistema seja danoso, não apenas pelo tempo que consome com a burocracia, mas também pelo clima que se estabelece no grupo. As pessoas passam a mercantilizar o seu tempo, a curto prazo, e não se mostram colaborativas para desenvolver outras atividades que poderiam beneficiar a empresa a longo prazo.

Esse sistema de custeio estava implantado há muito tempo e eu sabia que seria extremamente difícil mudá-lo. Se você se deparar com um sistema desse tipo, faça o possível para se livrar dele. Do contrário, você não passará de um prestador de serviços para os outros setores da empresa e dificilmente poderá realizar trabalhos mais significativos.

Consultei colegas em outras empresas que ocupavam cargos semelhantes ao meu. Conversei com meu amigo John Tyson, que tinha enfrentado problemas semelhantes quando reestruturou a função de design da Northern Telecom. No artigo já citado, de Artemis March, ela explica a estratégia adotada por John:

Trecho do artigo de Artemis March: *Paradoxical Leadership: A Journey with John Tyson.*

John Tyson frequentemente exortava seu grupo a ter uma "clara visão das tendências futuras, identificando o poder das mudanças radicais na criação de valor para os consumidores". A propósito, "mudanças radicais" era um tema discutido frequentemente no grupo e dependia de uma visão a longo prazo. Tyson entendia que essas mudanças dependiam tanto de processos internos como externos. Ele usava uma linguagem de metáforas para comunicar a sua visão: "Metáforas são meios eficientes para se comunicar, quando as outras linguagens não funcionam". Com uso dessas metáforas, ele procurava mudar os paradigmas internos, criando as condições para as possíveis mudanças externas. Por exemplo, Tyson explicou que a mudança (interna) do sistema de custeio do grupo foi uma etapa essencial nesse processo, para uma atuação externa mais ampla.

O grupo anterior, de Design Representativo, era organizado com o prestador de serviços à empresa. Eles se comportavam de modo reativo, como vendedores de serviços à empresa, mediante demandas específicas. Ao transformar a função para Design Corporativo, foi necessário reformular também o seu sistema de custeio. Em vez de ficar "mendigando" recursos para cada atividade específica, o grupo passou a ser financiado a longo prazo. Tyson alegava que "eu não estou aqui para conseguir dinheiro – estou aqui para *investir* no futuro da empresa". Com isso, conseguiu banir as palavras "cliente" e "venda de serviços" das atividades de design, passando-as para "parceiros" e "investimentos".

Para enfrentar o problema do custeio, criei uma apresentação para a administração superior que começava com o seguinte tema: o valor do design para a empresa. Juntei vários exemplos de trabalhos que estávamos realizando na empresa, e enumerei os baixos benefícios que isso estava gerando. Em contraposição, mostrei as vantagens que poderiam advir de um trabalho mais cooperativo entre as várias unidades. Preparei uma análise financeira detalhada mostrando como isso seria vantajoso para a empresa. Finalmente, ganhamos a parada. Fomos transformados em uma unidade financeira dentro do orçamento da empresa. Fiquei desobrigado de elaborar extensos relatórios para demonstrar como estávamos empregando o nosso tempo. Em vez disso, passei a executar projetos pensando em como ganhar mais dinheiro para a empresa.

Os escritórios externos têm o mesmo problema. Eles precisam contabilizar cada hora gasta no projeto. Geralmente, são considerados como fornecedores de serviços e não como parceiros do negócio. Só com muito esforço conseguirão mudar essa percepção. Alguns escritórios têm atuado de forma diferente nos últimos anos. Eles fazem um contrato de risco, pelo qual recebem um percentual sobre as vendas. Se o projeto for bem-sucedido, eles ganham. Ao contrário, se fracassarem, não ganham nada.

EXEMPLO DE GLOBALIZAÇÃO

Quero apresentar um exemplo de conflito de interesses em escala mundial. Clarence é gerente de design de uma empresa sediada nos Estados Unidos que vem se expandindo para o mercado internacional nos últimos cinco anos. O grupo de design da matriz, constituído inteiramente por designers norte-americanos, realiza quase todas as atividades de design, exceto os materiais de propaganda, que são executados por empresas terceirizadas.

Os gerentes regionais de *marketing* e vendas, localizados nas filiais da Europa e Ásia, devem implementar os trabalhos desenvolvidos pela matriz, sem questionamentos. Não há designers nas representações de outros países e eles só podem interferir nas peças de propaganda. Quando as vendas em algum país não eram satisfatórias, eram convocadas reuniões com os respectivos gerentes regionais desse país. Eles geralmente atribuíam o baixo desempenho aos materiais de propaganda, design de embalagens e material auxiliar de vendas, que eram inadequados às necessidades específicas de cada país.

O presidente da matriz não se convenceu das explicações, mas assim mesmo resolveu convidar Clarence para ouvir os argumentos dos gerentes regionais. Eles convidaram também o gerente da empresa terceirizada que elabora os materiais de propaganda. Tanto Clarence quanto o gerente da empresa terceirizada estavam convencidos de que os trabalhos por eles executados eram de bom nível e adequados. O presidente concordou que nada havia de errado com os trabalhos de design e apoiou tanto Clarence como o gerente da empresa contratada. Suponha que você estivesse no lugar do Clarence: como você se prepararia para a reunião? Que tipo de argumentos usaria?

Mais uma vez, preparei um exemplo que mostra erros frequentes cometidos pelos designers. Nesse caso, o trabalho de design era apoiado pelo presidente da empresa, mas não era recebido com igual entusiasmo pelas vendas e pelo *marketing*, principalmente de outros países. Você deveria ser valorizado por todos e não somente apoiado pela direção superior.

Embora o trabalho de design realizado na matriz da empresa fosse adequado para o mercado norte-americano, era considerado problemático pelos gerentes regionais de *marketing* e vendas de outros países. Clarence não estava trabalhando de forma colaborativa com esses gerentes regionais.

Bem, a reunião foi de confrontações. Os gerentes regionais de *marketing* e de vendas vieram preparados para atacar. Clarence tinha se preparado para defender-se. Não foi uma experiência agradável para nenhuma das partes. E, tampouco, uma situação saudável para o crescimento das vendas da empresa.

Provavelmente, se Clarence tivesse atuado mais proativamente, envolvendo os gerentes regionais de vendas e de *marketing*, essa reunião teria sido desnecessária. Seria recomendável um contato prévio com esses gerentes, para ouvir os argumentos deles, com a mente aberta. É provável que esses gerentes colocassem seus argumentos no terreno subjetivo da estética. Contudo, Clarence deveria conduzir a discussão mais objetivamente. Por que as soluções apresentadas não estavam funcionando? O que, exatamente, estava acontecendo? Clarence deveria estar preparado também para admitir as necessidades de diversificação da solução entre os vários países. Enfim, ele poderia estar preparado para encontrar soluções de design que atendessem a essas diferenças regionais.

Estou certo de que os gerentes regionais consideravam Clarence como um simples provedor de serviços decorativos adequados apenas ao mercado norte-americano. Assim, não atenderia às necessidades específicas deles. Se Clarence tivesse consultado os gerentes regionais, provavelmente teria chegado a soluções mais efetivas, mudando completamente o seu processo de trabalho. A lição que se extrai desse caso é a necessidade de ouvir todos os interessados, em vez de confiar exclusivamente no apoio da direção superior.

Naturalmente, isso se relaciona diretamente com o briefing de design. Na fase de consultas, todos os interessados devem ser ouvidos, e mesmo que eles estejam esparsos pelo mundo, deve haver alguma forma de consulta. Na seção de objetivos dos negócios, devem ser listadas as necessidades específicas de cada região geográfica. E as soluções apresentadas devem ser adaptadas a essas necessidades específicas. Assim, a sua lista de consulta deve incluir representantes de diversos países como etapa fundamental na elaboração do briefing.

Os gerentes de design devem consultar todos os segmentos interessados em um determinado projeto. Se a empresa for globalizada, essa consulta deve se estender aos vários países onde ela atua. Eu sou particularmente adepto das feiras e eventos internacionais para me manter informado, a custos relativamente baixos. Mesmo que estes não se refiram diretamente ao design, constituem-se em rica fonte de informações e oportunidades para o trabalho de design.

Aqueles tempos em que o designer se debruçava sobre a prancheta ou tela do computador para produzir soluções apenas com uso de sua cabeça estão ultrapassados. É pouco provável que você consiga criar soluções brilhantes de design isolando-se dentro de um estúdio. O designer precisa estar atento ao que acontece no mundo. Ele deve trabalhar com uma rede de informações, ouvindo tanto os colaboradores internos como os diversos segmentos do público-alvo. E isso exige muito esforço para se entender necessidades tão diversificadas de povos distantes.

CREDIBILIDADE E CONFIANÇA

Você começará a adquirir credibilidade e confiança quando aprender a comunicar o valor do design, desenvolver habilidade de trabalhar com as pessoas e não somente para elas e, finalmente, desenvolver uma rede de contatos para realizar trabalhos colaborativos (ver Figura 1).

O conhecimento leva ao entendimento, e o entendimento leva à aceitação e credibilidade. Credibilidade leva à confiança. Primeiro, os designers devem ter conhecimento e compreensão dos valores que o design pode adicionar conseguindo, com isso, aceitação para o desenvolvimento de projeto. A credibilidade resulta das soluções bem-sucedidas, que atendam aos objetivos dos negócios. Essa credibilidade, após algum tempo, transforma-se em confiança.

As reclamações frequentes dos designers resultam dessa falta de confiança. Se você é daqueles que ficam reclamando das verbas insuficientes, prazos curtos, incompreensão e exclusão das grandes decisões, deve começar a percorrer essa trilha. Não se esqueça que a maior motivação das empresas, sejam elas lucrativas ou não, é o dinheiro. A empresa não lucrativa deve gerar receita suficiente para pagar as contas. E a empresa lucrativa desaparecerá do mapa, rapidamente, se não gerar dinheiro.

Os homens de negócios só se importarão com design se formos capazes de ajudá-los a atingir seus objetivos. Cabe aos profissionais de design demonstrar que esse também é o seu objetivo. Os não designers precisam entender que o design não se limita a fazer o "criativo" ou "bonito", mas ajuda a resolver os problemas dos negócios.

A aprovação final dos projetos de design geralmente é feita pelos não designers. Pense nisso. Você precisa ser convincente para esse pessoal que não tem formação em design. Eles geralmente admitem que os designers são competentes em produzir soluções estéticas, mas não acreditam que os designers possam pensar e atuar estrategicamente, apresentando soluções adequadas às necessidades dos negócios. Para que isso aconteça, os designers devem adquirir credibilidade e confiança dos seus colegas não designers. O modelo que desenvolvi ajudou-me a adquirir essa credibilidade e confiança. Espero que funcione também para você.

CAPÍTULO 8

USO DO BRIEFING PARA A APROVAÇÃO DO PROJETO

Conseguir a aprovação final do projeto é uma das etapas mais difíceis de qualquer grupo de design. Sofri muito, no início de minha carreira, participando de reuniões para aprovação dos projetos. Cheguei a pensar que não havia outro jeito, senão enfrentar esse calvário.

Lembro-me de um professor de design gráfico que era muito severo. Ele era especialmente exigente na avaliação dos projetos. Mais tarde, cheguei à conclusão de que, ao fazer isso, ele estava nos preparando para a vida prática. No dia da apresentação dos projetos, cada aluno deveria colocar as suas pranchas na borda do quadro-negro. Quando todos os trabalhos estavam posicionados, ele começava a andar ao longo deles, examinando-os sem dizer uma palavra. Nesse exame, ele verificava a adequação do trabalho para solucionar o problema proposto, e não apenas os seus aspectos gráficos. Ele poderia deixar o trabalho onde estava ou pegá-lo para atirar ao chão. Quase todos acabavam no chão. Então, dirigia-se aos alunos para dizer: "Tudo que estiver no chão está reprovado. Se você achar que o seu trabalho não deveria estar no chão, pegue-o e coloque-o novamente na borda. Diga para mim e para toda a classe porque você não merece ser reprovado". Naturalmente, quase todos pegavam seus trabalhos e procuravam defendê-los. Quando estávamos fazendo um esforço desesperado para defender o trabalho, o professor interrompia: "Você está sendo muito presunçoso na defesa do seu trabalho. Coloque-o novamente no chão!"

O que ele procurava nos ensinar era que a avaliação de um trabalho de design não deve ser feita apenas com os critérios intrínsecos ao próprio design. Os alunos conseguiam dar uma boa explicação das soluções gráficas apresentadas. Contudo, um trabalho de design não será bem-sucedido apenas porque temos uma boa explicação "técnica" sobre a sua solução. Isso acontece também no mundo dos negócios. Quem aprova os projetos de design na empresa geralmente são os não designers, que não conhecem a metodologia e nem as técnicas de design. Portanto, baseiam-se em outros critérios extrínsecos. Muitas vezes, simplesmente decidem se gostam ou não da solução apresentada. É isso que aquele professor procurava nos ensinar, e demorei muito a entendê-lo.

Tive a oportunidade de proferir palestras em alguns eventos anuais de design HOW Magazine. Durante esse evento, uma das tardes é destinada à apresentação dos trabalhos dos estudantes. Os organizadores do evento convidavam as escolas para que os alunos do último período apresentassem seus trabalhos de diplomação. Frequentemente ficava admirado com o talento de alguns desses estudantes.

Um trabalho, em particular, chamou a minha atenção. Um jovem estudante, aluno de design gráfico, tinha preparado um grande painel de *posters* e cartazes que havia projetado. Como chamou a minha atenção, procurei conhecê-lo mais detalhadamente. Com muita convicção, o aluno explicou que, primeiro, tinha colocado a sua experiência emocional; depois, adicionou elementos da tipografia de vanguarda e cores salientes. Em seguida, fez uma combinação desses elementos para criar um clima de excitação, um clímax emocional, para fazer a impressão dos cartazes.

Esse estudante simplesmente explicou, de forma dramatizada, a técnica que todos os designers usam quando querem criar algo chocante. Outros designers também teriam apreciado a sua obra. Contudo, se essa apresentação fosse feita para um diretor de *marketing* ou algum outro executivo não designer, provavelmente ele ficaria enrascado. Insisto que não estou querendo depreciar o talento desse estudante. Ele estava fazendo aquilo que aprendeu na escola. Nos cursos de design, os trabalhos são apresentados para os colegas ou professores de design e são analisados pelos critérios intrínsecos ao próprio design.

Infelizmente, isso não ocorre no mundo dos negócios. Aqueles que examinam e aprovam os trabalhos de design geralmente são não designers, que não dominam o jargão técnico. Então, não adianta ficar falando de coisas como grotesca, serifa, cursiva, *bold*, quadricomia ou coisas semelhantes.

Na vida profissional, precisamos aprender a apresentar os trabalhos de forma diferente. O segredo é mostrar que as soluções de design resolvem efetivamente o objetivo do projeto. Assim, não se deve justificar essa solução usando apenas elementos do próprio design. Os designers devem ser capazes de demonstrar que a solução apresentada é uma solução adequada ao objetivo do negócio. Esse objetivo é encontrado no briefing de design, e este deve ser usado como um roteiro para a apresentação do projeto.

O BRIEFING COMO ROTEIRO DE APRESENTAÇÃO

Se o briefing for bem elaborado, poderá ser usado como roteiro para a apresentação da solução do projeto, em vista de sua aprovação final.

A apresentação deve começar com o sumário executivo, fazendo-se um resumo dos seguintes pontos: título do projeto, por que o projeto foi realizado, por que foi realizado agora, qual é o público-alvo, quais são os resultados esperados e assim por diante. Nessa parte inicial, você deve demonstrar que: 1) você entendeu a natureza do projeto e as necessidades da empresa; 2) você focalizou no público-alvo; e 3) sua abordagem foi estratégica e objetiva, como se exige no mundo dos negócios.

Em seguida, pode referir-se ao briefing. Explicar como foi elaborado e quem colaborou na definição das diversas características e na tomada de decisões ao longo do projeto. Depois, um resumo das várias fases do projeto. Em seguida, pode-se apresentar certos detalhes, caso sejam pertinentes. Isso inclui o portfólio da empresa, análise setorial, análise das tendências, descrição do público-alvo e outros itens que constem do briefing. Se você não usou certos itens do briefing sugeridos no Capítulo 3, então não precisa apresentá-los também agora.

Quando você estiver apresentando detalhes sobre cada uma das fases, procure ser bastante claro, evitando o uso de jargões técnicos. Deve-se apresentar: o conteúdo da fase, explicar por que é crítico, quem foi envolvido, quais foram as aprovações intermediárias, quem fez essas aprovações, e os resultados dos testes com o público-alvo. Essa apresentação deve demonstrar que o projeto seguiu uma metodologia estabelecida e que determinadas opções foram feitas mediante a aprovação dos respectivos responsáveis. Os testes com o público-alvo visam avaliar a aceitação da solução pelos maiores interessados, que são os consumidores. Isso serve para demonstrar que a sua solução não resultou de uma mera inspiração de natureza decorativa.

Em seguida, apresente a solução final, justificando claramente por que ela consegue atingir os objetivos do negócio. Finalmente, descreva as etapas de implementação do projeto e as providências necessárias para isso. Apresente também os critérios de acompanhamento, destinados a avaliar o grau de sucesso ou fracasso do projeto.

PERSONALIDADE DO APROVADOR FINAL

Pode ser conveniente conhecer a personalidade e as motivações da pessoa que faz a aprovação final do projeto. Cada pessoa tem uma personalidade diferente e comporta-se de maneira peculiar. Algumas são centralizadoras, outras são perfeccionistas, têm diferentes percepções sobre os negócios e sobre o mercado, e assim por diante. Conhecer essas características pode ser importante para a preparação da apresentação final do projeto.

Alguns administradores que conheci são muito motivados em alcançar resultados. Eles orgulham-se muito das coisas que conseguiram realizar nas suas carreiras; sempre buscam o sucesso. Se eu tiver de fazer uma apresentação para uma pessoa desse tipo, devo enfatizar que o projeto permitirá uma nova realização ou conquista para a empresa.

Contudo, o tipo mais comum de personalidade que encontrei, entre os dirigentes superiores, é aquela motivada pela estima. Essas pessoas gostam de ser amadas por todos – empregados, superiores e consumidores e procuram afastar-se de confeitos e estresses. Uma apresentação para essas pessoas deve enfatizar temas como satisfação do consumidor, boas relações de trabalho, bons resultados para a empresa, e assim por diante. Naturalmente, trata-se apenas de ênfases, mas sem omitir o objetivo dos negócios.

Assim, recomendo que você estude cuidadosamente o tipo de audiência para a qual fará a apresentação, antes de preparar o material de apresentação.

Não recomendo produzir material padronizado para ser usado em qualquer tipo de apresentação. Este deve ser adaptado para cada tipo de audiência.

É importante lembrar que a pessoa ou grupo que fará a aprovação final do projeto talvez não tenha tomado conhecimento anterior do mesmo. Então, não se pode supor que conheçam algo sobre o projeto ou alguns de seus detalhes. Não se deve falar sobre design ou insistir nos detalhes metodológicos. Fale sobre os resultados do projeto e como os objetivos do negócio seriam alcançados. Não é necessário convidá-los para tecer comentários, análises ou críticas ao projeto. Jamais pergunte: "Então, gostaram?" Fazendo isso, você estará se arriscando a ouvir um sonoro "não!"

Minha experiência indica também que é muito arriscado apresentar mais de uma solução na reunião final de aprovação do projeto. Ao fazer isso, alguém vai dizer que gostou de certas características de uma das alternativas e outras pessoas, da outra. Vão perguntar se você pode combinar essas características em uma nova solução de design. No final, você vai descobrir que essa solução híbrida virou um Frankenstein, sem nenhuma coerência formal. Outro aspecto importante é que você não pode passar uma imagem de insegurança. Com isso, pode perder a confiança deles.

A aprovação final também não deve ser um concurso de beleza. Design é uma disciplina de solução de problemas. A estética é apenas um dos requisitos e, talvez, nem seja aquele mais importante. A solução deve ser examinada em um âmbito mais global, como resposta a um problema de negócios da empresa.

Em geral, os dirigentes superiores não acreditam que você possa entender dos negócios tanto quanto eles. Eles esperam que você domine bem os aspectos técnicos do design, mas são eles que decidirão se os resultados apresentados são apropriados para os negócios da empresa. Essa reputação provavelmente foi criada porque os designers têm apresentado as suas soluções na linguagem de design e não na linguagem dos negócios. Eles provavelmente nunca ouviram designers falando sobre os objetivos dos negócios nas reuniões. Quem aprova o projeto está preocupado basicamente em verificar se a solução apresentada será bem-aceita pelo mercado e se trará benefícios para a empresa.

Enfim, você deve preparar a apresentação final do projeto com muito cuidado, explicando os vários conceitos explorados e como foram testados com o público-alvo. Deve-se mencionar também que certas pessoas-chave foram consultadas durante o projeto e a influência que elas tiveram nas aprovações intermediárias. Tudo isso serve para indicar o caminho percorrido e as alternativas exploradas até se chegar finalmente à solução apresentada, com aplicação de critérios objetivos.

Se eles não ficarem satisfeitos e pedirem para ver algum outro conceito que tenha sido rejeitado, peça uma semana de prazo. Nesse tempo, prepare outra apresentação, mostrando as razões da rejeição daquele conceito. Essa rejeição pode ter ocorrido durante alguma reunião intermediária de avaliação com os responsáveis pelo projeto ou ser decorrente do teste junto ao público-alvo. Dessa forma, pode-se indicar também os motivos que levaram à escolha da solução adotada.

Se você tem absoluta necessidade de falar sobre os detalhes metodológicos do design, só faça isso após apresentar a solução em linguagem de negócios. Se fizer o inverso, começando a apresentação com detalhes metodológicos do design, você correrá o risco de abrir a porta para comentários pessoais e discussões subjetivas. Portanto, fale primeiro dos objetivos do negócio. Se houver consenso sobre isso, então você poderá abordar outros temas.

Como foi mencionado no tópico anterior, deve-se incluir mais duas atividades posteriores à aprovação do projeto: a implementação e o acompanhamento. Quem aprova o projeto gostará de saber o que vai acontecer depois. Teça alguns comentários sobre as providências necessárias para a implementação e também sobre os critérios a serem adotados para o acompanhamento do projeto. Isso servirá para demonstrar o seu compromisso com o sucesso do projeto.

PROVÁVEIS OBJEÇÕES

Enquanto você estiver preparando a apresentação, pode aproveitar para pensar também nas prováveis objeções. Nos projetos de design gráfico, tenho encontrado dois tipos de objeções mais comuns: "Essa letra não está muito pequena?" e "Não poderia aumentar essa logomarca?" Há muitas outras que você mesmo pode acrescentar, pela sua experiência. Contudo, o mais importante é que você possa prevê-las a tempo, para que possa preparar-se para as respostas, evitando qualquer tipo de surpresa.

Uma vez desenvolvi o projeto de um sistema de estacionamento para uma nova empresa, que atuava em mais de quarenta países. Esse projeto era considerado de alta prioridade pelo presidente da empresa, que era do tipo minucioso e preocupado com detalhes. O primeiro requisito do projeto era garantir que pessoas de diferentes países pudessem usar exatamente o mesmo sistema. O presidente tinha recebido reclamações de que a empresa parecia ser diferente em cada parte do mundo. Ele considerou isso como um problema muito grave e resolveu assumir pessoalmente a busca de uma solução.

O presidente era do tipo motivado pela estima. Precisava sentir-se amado e admirado por todos. Então, chegamos à conclusão de que o novo sistema deveria ser essencialmente amigável, produzindo satisfação e prazer aos usuários de todo o mundo.

O projeto deveria apresentar uma solução única para acomodar diversas informações, como nomes, endereços, códigos postais, telefones e outras informações em todo o mundo. Descobrimos que alguns países têm leis específicas e padrões próprios para registro das pessoas, muito diferentes daqueles dos Estados Unidos. Constatamos que alguns países adotam nomes muito longos, diferentes sistemas de codificação dos endereços, além de outras diferenças. Além disso, nem todos compreendiam o inglês. Assim, todas as instruções deveriam ser bilíngues, em inglês e na língua nativa de cada país.

Juntamos todas essas informações para produzir uma única solução a ser usada globalmente. Essa solução foi testada nos vários países onde a empresa atuava. Estávamos convencidos de que a solução era boa, mas ainda faltava a aprovação final do presidente. Lembro-me de que ele era muito exigente, do tipo que reclama do tamanho das letras e da logomarca. Como faríamos a apresentação para a aprovação do projeto, depois de tanto trabalho?

Listamos alguns comentários e objeções prováveis e nos preparamos antecipadamente para responder a elas. Se surgisse a questão do tamanho das letras poderíamos dizer que a solução já tinha sido testada em vários países pelos gerentes regionais, realizando pesquisas com o público-alvo e que a receptividade tinha sido positiva em todos os casos. Contudo, não gostaria de envolver-me em discussões sobre o tamanho das letras ou tipografia, durante a sessão de apresentação, porque poderia perder.

Para a apresentação final, o segredo é conduzir a discussão mostrando como a sua proposta é adequada para a solução dos negócios. Assim, deve-se fugir das discussões sobre elementos de design, porque isso pode levar a muitas discussões do tipo "gostei" "não gostei". Mais uma vez, mostre que a sua solução funciona, evitando discussões subjetivas e opiniões pessoais como "bonita" ou "agradável".

APRESENTAÇÃO FEITA POR TERCEIROS

Em algumas empresas, a apresentação final é feita por uma pessoa que não tinha participado diretamente do projeto. Infelizmente, isso indica que o grupo de design ainda não conquistou a credibilidade e confiança necessárias para apresentar os seus próprios projetos.

Nesses casos, você deve preparar o material de apresentação e passá-lo para a pessoa que fará a apresentação. Ao fazer isso, essa pessoa poderá dizer "muito obrigado" e seguir sozinho para a apresentação. Em outros casos, ela poderá convidá-lo: "Você poderia ir comigo à apresentação"? Contudo, o melhor cenário é quando essa pessoa faz o convite para você mesmo apresentar: "O seu trabalho está maravilhoso. Por que você não vai comigo para apresentar, você mesmo, o seu trabalho?"

Na situação ideal, você mesmo deve apresentar o trabalho desenvolvido. Nenhuma outra pessoa vai conhecer tão bem o seu trabalho e falar com igual entusiasmo. A elaboração do briefing de forma compartilhada, envolvendo diversos parceiros igualmente responsáveis, permite-lhe argumentar que a apresentação final deveria ser realizada por alguém igualmente responsável pelo projeto. Isso contribui para mudar as tradições da empresa. Às vezes, é difícil mudar essa tradição a curto prazo. No começo, pode-se aceitar que os seus trabalhos sejam apresentados por terceiros. Mas, com o tempo, você deve ir conquistando confiança e credibilidade, para que o próprio grupo de design ganhe legitimidade para apresentar os seus próprios trabalhos.

QUANDO VOCÊ NÃO SE SENTIR À VONTADE

Conheço muitos designers talentosos que não se sentem à vontade para colocar-se à frente de um grupo de dirigentes ou mesmo de apenas um diretor, para fazer apresentações. Para algumas dessas pessoas, pode-se recomendar um curso de oratória para aprender a falar em público. No entanto, para outras, isso pode ser difícil. Nesses casos, recomendo a designação de uma pessoa desinibida para fazer a apresentação.

Contudo, o material de apresentação seria preparado pelo designer e só a apresentação verbal ficaria a cargo de uma pessoa mais fluente. De todo modo, o designer deve estar sempre presente à apresentação, para responder a perguntas e prestar esclarecimentos. Não se deve dar a impressão de que você não se responsabiliza pela solução apresentada.

RECOMENDAÇÃO FINAL SOBRE A APROVAÇÃO

Isso poderá chocá-lo, mas uma pessoa que me orientou no início de minha carreira disse-me uma vez: "Nunca pergunte se o projeto está aprovado. Simplesmente agradeça pela atenção e a confiança depositada!" No começo, achava isso muito presunçoso. Eu não tinha confiança suficiente nas minhas qualidades para ser tão seguro, especialmente na presença do presidente da empresa.

No começo, eu hesitava em dizer coisas como: "Espero que vocês concordem de que essa é a melhor solução para os nossos objetivos de negócios". Quando consegui atingir esse ponto, achei que tinha chegado ao máximo. Nunca mais pronunciei frases como "Espero que tenham gostado" ou "Esperamos que vocês aprovem". Muito tempo depois, criei coragem para afirmar: "Nós apreciaríamos a sua aprovação".

Aquela pessoa que me orientou no início, costumava dizer que, quando você solicita a aprovação, ou pior, manifesta esperança pela aprovação, estará insinuando que a outra pessoa sabe, melhor que você, se a sua solução vai funcionar ou não. Se você tem certeza de que vai funcionar, defenda-a com veemência. Explique por que ela funciona, em termos de negócios, para que os outros possam entender.

CAPÍTULO 9

GESTÃO DE DESIGN

Ao longo do livro, tenho feito referências a designers e gerentes de design. Supondo que a atividade do designer já seja bem conhecida, quero focalizar agora a figura do gerente de design.

Muitas vezes, as pessoas perguntavam-me: "O que você faz?" e ficavam surpresas quando eu respondia: "Sou gerente de design". Elas retrucavam: "Que bicho é isso?" Quero discutir essa questão com quem já é gerente de design ou com aqueles que aspiram em sê-lo.

Em meu seminário *A gestão do design para vantagem estratégica*, eu peço aos participantes para explicarem o que entendem por gestão de design. Cada um apresenta um diferente tipo de resposta. Os gerentes de design têm dificuldade de explicar o que fazem, até para outros gerentes de design. Contudo, se tivermos pretensão de nos transformarmos em parceiros estratégicos dos negócios, precisamos aprender a explicar aquilo que fazemos aos outros.

ORGANIZAÇÃO DA GESTÃO DE DESIGN

Earl N. Powell, presidente do DMI, abordou a gestão de design no artigo intitulado "A organização da gestão de design"[1], publicado no Design Management Journal (verão de 1998). Muitos gerentes concordam com as colocações dele.

Eu tenho recomendado a leitura desse artigo nos meus seminários. Com a permissão do autor, estou reproduzindo, a seguir, esse artigo completo.

Artigo de Earl N. Powell
A organização da gestão de design

Desde os anos 1980, quando ocupava um cargo de gerente de design, tenho pensado em descrever as minhas funções. Ao escrever esse artigo, tive a oportunidade de coletar diversos papéis espalhados em meu escritório, acumulados ao longo de vinte anos como gerente de design. Pretendo abordar temas como a definição da gestão de design, seus objetivos, conhecimentos, habilidades e atitudes essenciais para o seu sucesso profissional.

O gerente de design pode atuar em vários setores, como design de moda, design gráfico ou design de máquinas. Nos últimos anos, tem-se discutido muito sobre as funções, objetivos e benefícios da gestão de design, atuando como um ator estratégico dentro de empresas. Há considerações também sobre o design, como forte arma competitiva.

Nos últimos dez anos, o Design Management Institute (DMI) tem feito pesquisas sobre a gestão de design e desenvolvido também materiais didáticos, organizando cursos, seminários e conferências. As publicações e estudos de caso do DMI procuram encorajar os gerentes de design a se tornarem líderes. Procuram também ajudar os gerentes não designers a entender a importância do design para o sucesso de seus negócios. Todas essas iniciativas têm um objetivo final: melhorar a qualidade de nossas vidas com o aperfeiçoamento dos objetos que nos cercam.

Recentemente, em uma discussão com alguns designers e educadores em Londres, percebi que o DMI está realizando um bom trabalho para facilitar a gestão do design. Nós ajudamos os gerentes de design a definir suas responsabilidades e delimitar o contexto onde podem ser mais efetivos. Pode-se alcançar isso de duas maneiras. Primeiro, no contexto mais amplo, da própria empresa, deve-se ter a consciência do design como vantagem competitiva. Segunda, como profissional responsável por um grupo de projeto, ele deve ter conhecimentos, habilidades e atitudes de um líder.

Nos anos 1980, em uma reunião da diretoria do DMI, junto com os membros do seu conselho consultivo, tentamos chegar a uma definição do gerente de design. Digo tentamos porque é muito difícil alcançar um consenso nessa matéria, que depende do contexto em que se aplica. A definição a que chegamos foi *"a gestão de design ocupa-se do desenvolvimento, organização, planejamento e controle dos recursos, direcionando-os para a produção e uso mais efetivo dos produtos, informações e ambientes"*.

Essa definição é um tanto genérica e não se aplica a todos os casos. Contudo, apresenta um contorno geral das atividades da gestão de design.

Com o rápido avanço tecnológico e competições cada vez mais acirradas, os produtos e serviços disponíveis tornaram-se mais complexos e diversificados. Isso tudo tem impacto sobre a nossa forma de viver, pensar e até no modo de falar. Em qualquer lugar, aspirando o perfume de uma flor ou sentindo o odor de um café fresco, começamos com a percepção. O primeiro objetivo do design é melhorar a percepção e, depois, a utilidade dos produtos e serviços. Assim, a gestão de design deve coordenar as atividades da empresa para que essas coisas possam acontecer.

Na década passada, o mundo dos negócios viu-se diante de um novo e grande desafio. Já não era suficiente produzir produtos e serviços de boa qualidade a preços razoáveis, mas estes deveriam ser também atraentes ao consumidor. Visando atender a essas novas exigências dos consumidores, foi atribuída, aos designers, grande parte da responsabilidade em redesenhar produtos e serviços, além da imagem visual da própria empresa. Esse processo acelerou-se cada vez mais e o gerente de design viu-se sobrecarregado, sendo pressionado a dominar conhecimentos sobre relacionamentos humanos, controle de projetos e estratégias empresariais.

Nesse novo contexto, o gerente de design precisou adquirir novos conhecimentos, habilidades e atitudes. Em primeiro lugar, precisou dominar novas técnicas e métodos para investigar os desejos e as percepções dos consumidores. Em segundo lugar, precisou relacionar-se mais intensamente com os outros gerentes da empresa que influem, de algum modo, as soluções dos problemas.

Em minha opinião, há seis categorias de conhecimentos, habilidades e atitudes importantes para o trabalho do gerente de design. Essas categorias entrelaçam-se entre si, com muitos pontos de interseção. Três delas são de natureza qualitativa e intangível: *objetivo, pessoas* e *presença*. As outras já são mais pragmáticas, tangíveis e mensuráveis: *processo, projeto* e *prática*. A seguir, vou detalhar cada uma delas, com recomendações de leituras para quem quiser se aprofundar em cada caso.

Objetivo: *O objetivo determina a direção e concentração da energia*

Nós admiramos as pessoas e empresas que têm um objetivo claro e firme. Esse objetivo indica onde devem ser concentradas as energias, evitando-se desperdícios. Quem tem clareza desse objetivo pode dar respostas mais rápidas e antecipar-se ao futuro. A importância do objetivo costuma surgir nas discussões sobre a liderança.

O gerente de design deve ter clareza sobre seus objetivos pessoais. Além disso, essa pessoa deve incorporar o objetivo do grupo sob sua liderança e dirigi-lo de modo coerente com aqueles da empresa. Esse tipo de gerente é importante para o grupo e é valorizado pela empresa.

Há uma diferença entre chefia e liderança. As pessoas chefiadas tendem a cumprir uma rotina, enquanto aquelas lideradas apresentam mais iniciativa e criatividade. Portanto, os gerentes de design devem exercer liderança para que o grupo possa alcançar resultados mais inovadores.

Há um velho ditado que diz: "Se você não sabe para onde vai, você não saberá se chegou ao lugar pretendido". Eu diria que se você não tiver objetivo, você não saberá quando, como ou para onde ir. Além disso, o gerente deve fazer acompanhamento e estar sempre vigilante para que as coisas caminhem na direção desejada.

Os gerentes de design excessivamente preocupados com a racionalidade e funcionalidade dos produtos podem perder mercado para os concorrentes de produtos igualmente funcionais, contudo, mais atrativos. Em muitos casos, a preocupação com o desenvolvimento funcional pode levar ao descuido dos aspectos estéticos.

A minha empresa trabalha em várias dimensões e múltiplos objetivos. Assim, uma decisão pode ser baseada em motivos internos e outras, nas necessidades dos consumidores. Dessa forma, o gerente de design deve estar atento a essas diferentes orientações, evitando-se dispersões que poderiam comprometer a sua eficácia.

O livro *The concept of corporate strategy*[2], de Kenneth R. Andrews, apresenta um tripé, sobre o qual deve basear-se uma boa gestão. O primeiro pé é uma capacidade técnica para dotar o grupo de instrumentos e organização para melhorar a capacidade operacional do grupo. Segundo pé: uma liderança baseada na capacidade de comunicação, visão, atitude, lealdade e respeito ao grupo. Terceiro pé: a capacidade de coordenação para conduzir os trabalhos na direção desejada, além da persistência para que os objetivos sejam alcançados. Esse livro deveria figurar obrigatoriamente na biblioteca de todos os gerentes de design.

Pessoas: *As ações e decisões das pessoas determinam o futuro*

A capacidade do gerente em manter a equipe motivada é fundamental para conseguir bons resultados. Para isso, o seu exemplo e comunicações claras são essenciais para que as tarefas certas sejam realizadas no devido tempo. Os gerentes de design devem conhecer os talentos e os interesses de cada membro do seu grupo. Desse modo, ele poderá atribuir as tarefas mais motivadoras a cada um. Além disso, é necessário que as capacidades e as realizações do grupo sejam reconhecidas e valorizadas pela empresa.

Outros gerentes não designers podem beneficiar-se também, observando como o gerente de design consegue estimular a capacidade criativa do seu grupo. Por exemplo, uma regra essencial para aumentar a fluidez de ideias é adiar os julgamentos para a etapa posterior. A etapa de ideação não deve ser misturada com julgamentos, pois isso inibe a capacidade criativa das pessoas. Assim, essas e outras práticas do design podem difundir-se dentro da empresa, produzindo resultados benéficos para todos.

Para mais detalhes sobre as técnicas para estimular a criatividade, recomendo o livro *Conceptual blockbusting*[3], de James Adams. Ele tem apresentado conferências no DMI, além de publicar artigos no Design Management Journal. Outro livro que recomendo é o *Winning 'em over: a new model for managing in the age of persuasion*[4], de Jay Conger.

Presença: *A força da organização informal*

As pessoas sentem-se mais seguras quando trabalham em um ambiente que proporcione estabilidade, consistência e significado. As empresas tornam-se mais sólidas quando proporcionam esses valores aos seus empregados, e isso depende, em grande parte, da organização informal. Em todas as organizações humanas existem determinados conhecimentos e regras tácitas, também chamadas de "nosso jeito" de fazer as coisas. Essas regras não escritas são construídas no relacionamento diário dos empregados entre si e também entre elas e as chefias, amalgamando uma cultura organizacional própria de cada empresa.

O gerente que conhece essa organização informal terá mais facilidade de introduzir mudanças. Isso é particularmente importante na construção de atitudes e valores compatíveis com a atividade de design. Por exemplo, Steve Jobs, quando estava iniciando a Computadores Apple, desafiava seus empregados a produzirem um computador loucamente preferido pelas pessoas. Isso tornou-se um lema dentro da empresa, ajudando a produzir produtos amigáveis aos usuários.

O livro *Organizational culture and leadership*[5], de Edgar H. Schein, apresenta uma clara explicação e análise da cultura organizacional, ilustradas com excelentes exemplos.

Processo: *A transformação das ideias em produtos*

O curso de design é o único que coloca o processo de geração de ideias como assunto central. Nenhum outro curso ensina o método de criação e desenvolvimento dos conceitos de forma tão profunda. Os designers têm capacidade de gerar diferentes conceitos para se solucionar um problema, considerando os diversos fatores envolvidos.

Isso acontece também com o gerente de design, que pode colocar essa habilidade a serviço da empresa.

O livro *The process edge*[6], de Peter Keen, aborda muitos conceitos e processos criativos utilizados pelos designers. Recomendo a leitura dele para entender o poder da criatividade para o sucesso da empresa.

Projeto: *A gestão do projeto exige conhecimento e liderança*

Os gerentes de projeto de design devem assumir a liderança, atribuindo tarefas e coordenando a sua execução. Para isso, eles têm um duplo desafio. De um lado, devem ter habilidades de relacionamento humano para tratar com as pessoas e, de outro, devem ter habilidades técnicas para resolver os problemas que aparecerem durante o desenvolvimento do projeto.

Nesse trabalho, o gerente aprende a lidar com as normas e valores da empresa, a aplicar seus conhecimentos e relacionar-se com outros ocupantes de cargos, defendendo seus pontos de vista.

Uma boa referência sobre gerenciamento de projetos pode ser encontrada na coleção *Managing Projects and Programs,* da Harvard Business Review. Outra leitura recomendada é o livro *Project leadership*[7], de Briner, Geddes e Hastings, que aborda questões de lideranças no projeto, nas equipes e gerenciamento de projeto por etapas.

Prática: *A prática garante o aporte dos recursos necessários*

O gerente de design deve assegurar todos os recursos necessários ao seu grupo, no seu devido tempo. Para isso, é necessário dominar as técnicas de planejamento, programação e acompanhamento das atividades.

Quando fui artista plástico, além de fazer as pinturas, tinha de providenciar a compra dos materiais, agendar exposições em galerias, realizar cobranças e pagamentos, além de outras atividades administrativas que dão suporte à atividade-fim. Mais tarde, como gerente de design, tive de participar de reuniões sobre finanças, a fim de defender o orçamento do meu grupo. Eu, pessoalmente, nunca gostei de discutir assuntos financeiros, mas isso era imprescindível para que o meu grupo tivesse os recursos necessários para trabalhar. Portanto, considero importante aprender as técnicas de orçamento e finanças. Para estudar este assunto, sugiro a leitura de *Essentials of Accounting*[8], de Robert N. Anthony.

Outra habilidade importante na prática é saber conduzir as reuniões, para que sejam proveitosas. O livro *Group power II: a manager's guide to conducting regular meetings*[9], de William R. Daniel, apresenta diversas recomendações úteis para se organizar reuniões objetivas.

Por fim, o gerente de design deve adotar a boa prática de manter sua equipe sempre bem informada, pois isso é garantia de uma maior fluidez dos trabalhos. Para isso, podem ser usados diversos meios, como um quadro de avisos e, e-mails dentre outros. Porém, nada supera a conversa pessoal e reuniões presenciais realizadas regularmente.

Repertório do gerente

Se você ocupa um cargo gerencial, talvez encontre algumas divergências em relação ao que foi colocado aqui. Nessa área, muitas palavras são usadas como sinônimos, expressando conceitos semelhantes. Por exemplo, "estratégia" e "objetivo organizacional", "orçamento" e "recursos financeiros", "gerência operacional" e "prática gerencial". Quaisquer que sejam essas palavras, expressam conceitos muito importantes para a gerência do design. Naturalmente, cada gerente pode construir um repertório próprio, baseando-se nas experiências pessoais. Contudo, o mais importante é que esses conceitos, expressando métodos e técnicas de gerenciamento, sejam dominados e aplicados pelo gerente de design.

DEPOIMENTOS DE GERENTES DE DESIGN BEM-SUCEDIDOS

Ao longo dos anos, felizmente consegui construir uma grande rede de colegas que atuam na gestão de design. Conheci muitos deles pela minha atuação de vinte anos no DMI. Outros, durante as minhas atividades de consultoria e como executivo de empresas. Solicitei o depoimento de muitos deles para um artigo sobre os objetivos e importância da gestão de design, publicado no *Design Management Jornal*[10]. A seguir, apresento uma seleção desses depoimentos:

— Tim Bachman, Diretor da Bachman Design Group

"A gestão de design articula as comunicações implícitas e explícitas que refletem os valores da empresa. Com isso, interpreta e expressa os objetivos de negócios da empresa. A gestão de design não é apenas um departamento ou instância administrativa. É um recurso estratégico e um poderoso processo organizacional. As empresas podem beneficiar-se com a gestão de design porque ela produz uma contínua atividade reformadora da cultura empresarial. Com isso, ela se capacita a enfrentar melhor a competição e a absorver os novos avanços tecnológicos".

— Torsten Dahlin, Presidente da Fundação Sueca de Desenho Industrial

"O gerente de design, como profissional, propõe e coordena as atividades de design na empresa, com uma visão estratégica, participando das decisões de alto nível. Ele se empenha, para criar reconhecimento e valorização do design em todos os níveis da empresa. A gestão de design pode ocupar diversas posições na empresa. Contudo, em qualquer uma delas, o gerente de design sempre está envolvido com decisões sobre qualidade do produto e atendimento às necessidades dos consumidores, abrangendo a organização, produtos e pessoal".

— Lizbeth Dobbins, Gerente de Marcas e Identidade do Serviço Postal dos Estados Unidos

"Eu coordeno design realizando ações táticas e estratégicas. Por sua vez, estas são baseadas no plano estratégico da empresa. Se esse plano sofrer mudanças, precisamos adaptar também as nossas atividades de design. Nosso trabalho é direcionado pela visão do futuro. Design capta as políticas da alta administração e ajuda a transformá-las em conceitos e produtos reais, possibilitando a sua implementação. Assim, penso que o gerente de design é um líder visionário".

— Patrick Fricke, Gerente de Design Gráfico e de Interfaces da Eastman Kodak

"Os gerentes de design relacionam-se com a estratégia de *marketing* e também com a engenharia. Eles agregam valores tangíveis e intangíveis à empresa. E a empresa tem consciência disso. A gestão de design contribui para definir os perfis dos consumidores e os valores a serem adicionados aos produtos e serviços, a fim de incrementar os negócios da empresa. Essas informações são transformadas em formas, cores, texturas e outros aspectos visuais do produto. As atividades de design influem na identidade corporativa e afetam as operações do dia a dia, sendo coerentes com os objetivos estratégicos da empresa. Um grupo ativo de design dentro da empresa gera inquietações em todos os setores, ajudando a manter um ambiente criativo e receptivo às inovações".

– Martin Gierke, Gerente de Marcas da Caterpillar

"A gestão de design é responsável pela produção dos materiais 2D e 3D relacionados com as metas estratégicas da empresa. As suas operações do dia a dia permitem materializar essas metas, promovendo a ligação entre a visão e a prática, contribuindo para construir a identidade corporativa da empresa".

– Tim Girvin, Diretor da Tim Girvin Design

"Design, etimologicamente, significa 'esboçar' – a maneira de uma empresa expressar sua ideologia, cultura, produtos e serviços. Esse conjunto deve constituir-se em uma mensagem consistente e clara, em todas as formas de expressão. Essa mensagem coerente facilita e reforça as funções estratégicas da empresa, como *marketing*, vendas e operações. Embora o termo gestão esteja associado a operações táticas, no caso do design, implica em liderança. Essa liderança define a visão e as direções possíveis para o futuro".

– Fennemiek Gommer, Sócio da SCAN Management Consultants

"Muitas empresas compartilham o mesmo desejo: serem percebidas como diferentes e melhores que seus competidores. A gestão de design pode ser descrita como criadora da imagem visual da empresa. Assim, trabalha para que essa imagem seja consistente, distinta e relevante, tanto para o público interno como externo à empresa. Ela é responsável pelo projeto, implementação, manutenção e avaliações contínuas de todos os itens que compõem a marca da empresa, desde um folheto até uniformes de serviço".

– Tetsuyuki Hirano, Presidente da Hirano & Associados.

"Em termos ideais, gestão de design é uma atividade holística, relacionando-se com todas as funções da empresa, e comprometida com as atividades de longo prazo. Isso inclui produtos, serviços, comunicações e ambientes, considerados como componentes de um sistema. Nós usamos os conceitos de 'ponte' e de 'rede' para expressar a conectividade de todos esses fatores estratégicos. Isso se aplica à realização dos projetos, do início ao fim, e todas as demais atividades de design. Quando a empresa aplica o design nas suas atividades do dia a dia, adquire maior sensibilidade para identificar e responder às novas oportunidades de mercado".

– Tim Larsen, Presidente da Larsen Design + Interactive

"A gestão de design tem a responsabilidade de transformar a imagem visual da empresa em poderoso instrumento para comunicar, motivar e inspirar. Isso contribui para gerar valor e reduzir custos. Ao criar um sistema que possa representar a imagem da empresa a longo prazo, pode-se contribuir para a consolidação dessa imagem e reduzir os custos de *marketing*. A gestão de design trabalha não apenas com as questões materiais, mas também com a mentalidade e criação de atitudes. Quando a empresa quer destacar-se no mercado, muitas vezes deve recorrer às suas atitudes. Para isso deve transmitir certas emoções como amizade, calor, profissionalismo, ética e responsabilidade social através de suas mensagens".

— Peter Trussler, Vice-presidente de Design da Empresa Nortel

"A gestão de design faz a intermediação entre a estratégia da empresa e os consumidores. Isso pressupõe uma clara definição da missão, objetivos, estratégias e prioridades da empresa, em relação aos seus clientes. O gerente de design procura canalizar as energias da empresa para a execução dos seus programas estratégicos e ações prioritárias. Ao fazer isso, todos os empregados da empresa sentirão orgulho em contribuir para alcançar os objetivos organizacionais. Para isso, o responsável pela gestão de design deve ter uma ampla compreensão dos valores e expectativas da empresa. Sua atuação deve concentrar-se nos públicos interno e externo, além de fazer acompanhamento dos resultados. Deve trabalhar para obter os recursos humanos, materiais e financeiros para que seu grupo possa atingir os resultados previstos".

— Raymond Turner, Diretor da BAA PLC

"Design é um elemento essencial para que a empresa possa cumprir a sua missão, ou seja, adicionar os valores desejados pelos consumidores aos produtos e serviços da empresa. Em termos práticos, significa compatibilizar aquilo que os consumidores desejam e com o que a empresa pode oferecer. Para isso, deve desenvolver os procedimentos necessários para satisfazer a esses dois objetivos".

Bem, aí estão os depoimentos de alguns líderes em gestão de design de diversos países. O que se pode concluir disso?

Como se pode ver, não há uma unanimidade sobre a definição das funções do gerente de design. Claramente, sua função vai além da simples coordenação de projetos. Todos concordam em que ele tem participação importante na construção da visão, estratégia e vantagens competitivas da empresa.

O gerente de design deve ter uma ampla visão da estratégia da empresa, do contexto em que ela atua e do perfil dos consumidores que pretende atender. Tudo isso é importante para se construir uma imagem diferenciada, destacando-se entre os concorrentes. Os bons gerentes de design são capazes de transformar as necessidades e desejos dos consumidores em produtos e serviços que a empresa pode oferecer.

É interessante notar também a concordância deles quanto às atividades da gestão de design. Estas não se restringem à estética, mas preocupam-se com os resultados e consequências do design, de uma forma mais ampla. Os gerentes bem-sucedidos ocupam-se também do recrutamento de profissionais talentosos. Geralmente, esses profissionais são aqueles que compreendem claramente o problema a ser resolvido, bem como os resultados esperados do projeto.

O processo de elaboração do briefing, apresentado neste livro, ajuda o gerente de design a organizar suas ideias e a comunicá-las aos membros de seu grupo, bem como ao resto da empresa. Faça uma revisão dos elementos do briefing de design apresentado no Capítulo 3. Depois, compare com os depoimentos dos gerentes de design. Você verá que há uma concordância quanto aos elementos essenciais e necessários à compreensão do problema a ser resolvido. Por seu turno, isso leva à escolha da estratégia de design mais adequada a cada projeto, em consonância com os objetivos dos negócios.

Eu gostaria que você aplicasse esses depoimentos apresentados pelos gerentes de design ao meu modelo para criação de valor (ver Figura 1). Nota-se que todos enfatizam a necessidade de entender o papel do design nos negócios, a valorização do design, o desenvolvimento de um bom relacionamento com todos os setores da empresa e o trabalho colaborativo com as pessoas.

Invariavelmente, as pessoas que conseguem atingir liderança na profissão de design são aquelas que conseguem explicar claramente o valor do design, relacionando-o com as estratégias empresariais.

COMO SE DEVE PROCEDER

Earl Powell, no artigo reproduzido neste capítulo, apresentou as seis categorias essenciais ao trabalho de um gerente de design. Ele também fez uma indicação bibliográfica para um estudo mais aprofundado delas. Esse pode ser um bom guia para quem pensa em se tornar um profissional importante e estratégico em qualquer tipo de empresa.

Se me perguntassem por que me considero um gerente de design, responderia da seguinte forma: "Eu sou um parceiro importante e um elemento-chave na formulação da visão e da estratégia de negócios da empresa, aplicando design para aumentar a visibilidade dos seus produtos e serviços".

CAPÍTULO 10

AVALIAÇÃO DOS RESULTADOS

O problema da avaliação dos resultados dos projetos de design tem persegui-do os profissionais dessa área há muito tempo. Em todos os meus seminá-rios, sempre há alguém levantando a seguinte questão: "Minha empresa sempre quer saber se o trabalho de design foi bem-sucedido. Eles querem dados financeiros para comprovar que houve um retorno dos investimentos. Não há meios de se fazer isso".

Creio que esse dilema tem origem na concepção do design como um as-sunto estético ou decorativo, tanto pelos próprios designers como pelos seus parceiros não designers. Naturalmente, você não poderá mensurar algo tão subjetivo. Infelizmente, esse tipo de conceito ainda é predominante em mui-tos lugares. Devido a isso, a função de design ainda é qualificada, muitas ve-zes, como um "mal necessário".

A única forma de mensurar o design é pela comparação entre os resultados obtidos e aqueles previstos no projeto. E isso só se torna possível se houver uma clara definição prévia dos objetivos do projeto, durante a elaboração do briefing. Grande parte dos equívocos decorre do esquecimento ou negligên-cia em definir os objetivos reais do projeto, limitando-se apenas a respostas superficiais ou cosméticas.

Outro dia vi uma caricatura em um jornal, mostrando um gerente de design dizendo: "Veja o prêmio de design que ganhamos pelo belo projeto deste

Briefing: a gestão do projeto de design

produto". O diretor da empresa responde: "Mas o produto não está vendendo e os nossos concorrentes estão nos varrendo do mapa". O gerente de design replica: "Em quem você prefere acreditar? No júri de design que nos concedeu o prêmio de excelência, ou nos consumidores que não sabem apreciar um belo produto?" Isso mostra o descompasso frequentemente existente entre o trabalho dos designers e os objetivos da empresa.

BOM DESIGN *VERSUS* DESIGN EFETIVO

Os prêmios de design são muito valorizados pelos próprios designers e seus patrocinadores, mas não devem ser o único critério para avaliar os projetos. Muitas vezes, esses produtos premiados não se mostram efetivos para atingir os objetivos pretendidos, especialmente em termos empresariais.

Conheço um produto (a empresa não me autorizou a divulgar o seu nome) que é muito citado como exemplo de uma excelente solução de design. De fato, esse produto figura em quase todos os museus do mundo e sua foto é estampada em muitos livros de design. Falando francamente, tem uma bela estética e ganhou muitos prêmios de design. Então, qual é o problema? O produto simplesmente não vende. Os consumidores não se mostram dispostos a comprá-lo. Certamente é muito belo, mas sem praticidade, na opinião desses consumidores.

Esse produto custou quase um milhão de dólares para ser desenvolvido. Enquanto os profissionais de design maravilham-se com sua elegância e beleza, os executivos não designers da empresa consideram-no como um grande desperdício de tempo e dinheiro. Esses executivos podem até admitir a bela solução de design, mas não deixam de considerá-lo como um péssimo negócio. Eles até pensaram em demitir o designer responsável pelo projeto, mas não o fizeram.

A lição que se tira desse caso é o que tenho repetido diversas vezes. O design, para ser valorizado no mundo dos negócios, não basta produzir beleza. Deve oferecer também soluções efetivas aos problemas e contribuir para alcançar os objetivos dos negócios. Essa é a única forma de o design conseguir reconhecimento e valorização por parte dos gerentes não designers. Es-

Avaliação dos resultados | 149

tes devem considerar o design como um parceiro confiável na busca dos objetivos estratégicos da empresa. Assim, os trabalhos de design poderão tornar-se mensuráveis.

Por outro lado, o design não deve se descuidar da criação das melhores soluções visuais. Estas devem ser sempre elegantes e excitantes, atraindo a atenção e cativando o consumidor. Isso significa apenas dizer que, na busca dessas soluções fabulosas, nunca se deve esquecer que elas destinam-se também a resolver problemas de negócios.

Os resultados de algumas soluções de design são facilmente mensuráveis. O design de produtos talvez seja mais fácil de quantificar, medindo-se o volume de vendas. O design de embalagens pode ser avaliado de forma semelhante, pelo aumento das vendas. Em outros casos, como no projeto de uma sinalização pública, esses critérios não ficam tão evidentes.

Em casos de sucesso, os profissionais de *marketing*, vendas e propaganda também podem reivindicar a "paternidade". Mas os designers precisam ser reconhecidos pelo seu mérito. Como se faz isso? Com uma pesquisa junto ao público-alvo. Eu repito isso sempre: as soluções de design precisam ser testadas com o público-alvo. Esses testes são fundamentais para confirmar se a solução de design é realmente efetiva e isso pode ser creditado ao trabalho dos designers. As agências de propaganda fazem esse tipo de pesquisa rotineiramente. Elas costumam ter todos os dados necessários para comprovar o efeito de uma campanha publicitária e sempre falam em coisas como alcance, frequência, índice de audiência, fixação e lembrança. Os designers precisam aprender a fazer coisas semelhantes, para que possam justificar os seus trabalhos.

Os resultados dos trabalhos de design gráfico geralmente são mais difíceis de serem quantificados. Como se pode medir a contribuição de um folheto ou catálogo para o incremento das vendas? Aqui também é preciso recorrer aos objetivos dos negócios, consultando-se o briefing de design. Será que a metodologia de design adotada foi adequada para se alcançar esses objetivos? Em caso positivo, a solução será efetiva. Do contrário, a solução apresentada não estará adequada. Talvez a solução do design, em si, esteja boa, mas devido a uma abordagem equivocada, não tenha produzido os resultados desejados junto ao público-alvo.

Você se lembra daquele exemplo do sistema mundial de estacionamento apresentado no Capítulo 8? Um dos requisitos do projeto exigia que as diversas unidades operacionais, em vários países, usassem exatamente o mesmo sistema. O presidente da empresa exigiu que os consumidores jamais confundissem a sua marca. Como se avaliou isso? Um único sistema global foi projetado, testado com os públicos-alvo de diversos países e, finalmente, implementado. Os usuários pararam de reclamar que estavam confusos. Assim, a solução apresentada cumpriu os seus objetivos de negócios. Não importa se ganhou ou não um prêmio de design, o que conta é a sua aceitação em todos os países onde a empresa opera, cumprindo os objetivos do projeto. Naturalmente, seria ótimo que isso se aliasse a uma boa estética. Você deve sempre perseguir um design atraente, contanto que funcione e cumpra os seus objetivos.

Logo após implantar o sistema em todo o mundo, recebi um telefonema desagradável de um vendedor. Esse senhor reclamou que tudo estava errado e que os consumidores detestavam a nossa solução. Respondi-lhe que essa era uma informação importante. Pedi para ele me dar os nomes dos consumidores que tinham detestado a solução. Naturalmente, ele não tinha nenhum nome. Em contrapartida, ofereci-lhe uma relação dos consumidores que tínhamos consultado em diversos países e tinham se manifestado favoravelmente. O vendedor simplesmente desligou o telefone e nunca mais ouvi falar dele.

Moral da história: sempre haverá gente emitindo opiniões subjetivas sobre o seu trabalho, dizendo se gosta ou não dele. Para isso, você deve estar preparado com argumentos objetivos. E o melhor meio é apresentar resultados de pesquisas realizadas com o público-alvo.

AVALIAÇÃO DOS RESULTADOS FINANCEIROS

Como se avalia o investimento financeiro realizado no projeto? As despesas com o projeto devem situar-se próximas do orçamento previsto e os resultados devem ser compensadores, produzindo retorno do investimento. Mais uma vez, isso é analisado em comparação com o briefing. Lembre-se de que a discussão inicial sobre o briefing incluiu as seguintes perguntas: por que estamos fazendo isso? Por que agora? Qual é o prazo disponível? Qual é o orçamento disponível?

Posteriormente, durante o processo de descrição das fases, os responsáveis poderão discutir o prazo e orçamento de cada fase. Quando todos estiverem de acordo, e nunca antes, o trabalho de design poderá ser iniciado. Os critérios de avaliação do projeto são definidos no próprio briefing. Os objetivos foram alcançados dentro do prazo e orçamento previstos? O público-alvo manifesta-se favoravelmente?

A avaliação de um projeto de design pode ser um processo bem definido, desde que os objetivos e critérios sejam claramente estabelecidos durante a elaboração do briefing. Todos esses critérios devem estar referenciados em termos de negócios da empresa. Eles jamais devem contemplar perguntas do tipo "Ficou bonito?".

FASE DE AVALIAÇÃO

A última fase do briefing de design deve incluir os critérios para avaliar os resultados do projeto. Esses critérios devem ser baseados em variáveis objetivas, como prazos, orçamentos, grau de aceitação pelo público-alvo e aumento das vendas/lucros. Fazendo-se isso, pode-se evitar opiniões pessoais e subjetivas sobre o seu projeto. Esses tipos de opiniões são mais convenientes para as artes, mas nunca para o design.

CAPÍTULO 11

PROPRIEDADE INTELECTUAL

A propriedade intelectual (PI) envolve o registro de marcas (nomes e logotipos), de patentes (patente de invenção e modelo de utilidade) e de desenho industrial (soluções formais e ornamentais), proporcionando exclusividade ao seu titular durante certo período (10 a 20 anos, dependendo da modalidade). Esse é um assunto crítico que deve ser considerado na introdução das soluções de design no mercado. Apesar disso, tem sido frequentemente adiado ou negligenciado. Há muitas vantagens em se cuidar desse assunto desde as fases iniciais do projeto de design, de forma integrada com as próprias atividades de projeto.

A elaboração do briefing de design é uma etapa inicial muito importante para se tomar o caminho correto no desenvolvimento de projetos. Com isso, pode-se assegurar que a solução de design incorporará a visão de futuro da gerência e os objetivos de negócios da empresa. Oferece também uma oportunidade para abordar adequadamente a questão da PI.

Os melhores resultados são alcançados quando os requisitos da PI são considerados desde as fases iniciais da elaboração do briefing de design. Dessa forma, as caracterísiticas inovadoras e inéditas das soluções de design podem ser devidamente protegidas pela empresa, ao mesmo tempo em que se respeitam os direitos de PI dos outros.

Este capítulo explica os conceitos e benefícios da PI e a maneira de assegurá-la, trabalhando coordenamente com o design.

O DESIGN INOVADOR

Em geral, as empresas, pressionadas pela forte competição, procuram lançar produtos e serviços inovadores, ao mesmo tempo em que defendem as vantagens conquistadas.[1] Em termos simples, isso significa dizer que os gerentes de design são solicitados a elaborar projetos que se destaquem no mercado.[2] Essas soluções de design devem se diferenciar dos competidores, visando chamar a atenção dos consumidores. Naturalmente, isso exige um esforço considerável e elevados investimentos. Para assegurar o retorno desses investimentos, é necessário que as inovações recebam a devida proteção legal da PI, respeitando os direitos dos outros. Isso significa que essas inovações devem ser defendidas contra eventuais cópias, assegurando seu uso exclusivo durante certo tempo.[3] Desse modo, o registro da PI é importante para assegurar o uso exclusivo das inovações registradas, ao mesmo tempo em que se assegura a ausência de futuros conflitos com outras PI de concorrentes, que poderiam gerar demandas judiciais por parte dos seus detentores.

Os registros das PI devem ser feitos de forma sistemática com todas as soluções de design que apresentem resultados inovadores, trabalhando em cooperação com os próprios projetistas.

A PROTEÇÃO DOS DIREITOS DE PROPRIEDADE INTELECTUAL

A proteção da PI exige uma posição prévia da gerência de design, definindo a forma de participação do design na conquista do mercado. A partir disso, elabora-se a estratégia de proteção da PI a ser incluída no briefing.

IMPORTÂNCIA DA INOVAÇÃO EM DESIGN

Os direitos de PI têm se mostrado cada vez mais como forte aliado para melhorar a competitividade, ao mesmo tempo em que proporcionam defesa contra eventuais cópias não autorizadas. Com isso, possibilita que os esforços de design, na busca de caracterísitcas inéditas, produzam os efeitos comerciais desejados.

Os executivos das empresas e os gerentes de design estão cada vez mais preocupados em registrar os direitos de PI como importantes ativos da empresa. Esse ativo não material pode ser tão valioso como aqueles ativos físicos (máquinas, instalações e estoques). De fato, há casos em que os ativos não materiais (marcas, patentes, outros direitos de PI) até excedem os valores dos ativos materiais. Um caso famoso é o da garrafa de Coca-Cola, desenhada pela Root Glass, em 1916, e que se tornou "marca registrada" da Coca--Cola em todo o mundo. A forma dessa garrafa pode ser reconhecida no escuro ou com um simples caco de vidro na grama.

ESPECIFICAÇÃO DA INOVAÇÃO

Em primeiro lugar, os gerentes de design devem descrever como pretendem usar as características de design como elementos competitivos. Esses gerentes devem descrever como ocorrerão as características de diferenciações em elementos funcionais (eficiência, durabilidade, qualidade, conforto, custo) e em termos formais (apelo estético, agradabilidade, moda, marca)[4].

Essas características de diferenciações podem variar muito, de acordo com os objetivos do projeto (é apenas um redesign superficial ou um design completamente novo?) e com a natureza do projeto (produto industrial, gráfico, embalagem, *web*). Essas características podem influenciar a decisão de compra do consumidor. Por exemplo, no caso de ferramentas manuais, os aspectos funcionais, como conforto ao segurar podem ser mais importantes. Já no caso de objetos de uso pessoal, como roupas e joias, os elementos estéticos poderão ser predominantes. No caso de embalagens, devem chamar a atenção do consumidor na prateleira dos supermercados. Esses aspectos devem ser previamente descritos e incluídos no briefing de design.

A partir dessas especificações, os projetistas devem gerar conceitos que promovam a diferenciação pretendida, destacando-se dos conceitos anteriores ou dos concorrentes.

PLANEJAMENTO DA PI

As soluções de design bem-sucedidas tendem a ser copiadas pelos concorrentes. Se isso acontecer, pode frustrar o retorno dos investimentos realizados pela empresa no desenvolvimento dessas soluções. Para evitar esses problemas, deve-se providenciar o registro da PI, que fornece proteção dos direitos, na forma de marcas, patentes, ou desenho industrial.[5] Essas proteções devem fazer parte das estratégias de longo prazo da empresa, inclusive nos países onde os produtos da empresa são fabricados, vendidos ou licenciados. Para cuidar desses assuntos de forma sistemática, a empresa deve recorrer a um ou mais consultores especializados em PI.

De maneira geral, todos os produtos de consumo apresentam características funcionais e formais, que atraem o consumidor. Contudo, os instrumentos legais de PI fornecem proteções separadas dos aspectos funcionais daqueles formais. Os aspectos funcionais, envolvendo avanços tecnológicos em materiais e processos, geralmente são protegidos por patentes. Os formais, envolvendo novas configurações, mesmo sem avanços tecnológicos, são protegidos pelo registro de desenho industrial. Há também o registro das marcas, que tem importante função na criação dos hábitos de consumo, lembranças e fidelização do consumidor. Naturalmente, uma determinada solução de design pode comportar o registro desses três aspectos (função, forma e marca), que devem ser feitos separadamente.

Nota do tradutor: *No Brasil, o registro da propriedade intelectual é feito pelo Instituto Nacional da Propriedade Industrial (INPI – www.inpi.gov.br), e pode ser feito para marca, patente ou desenho industrial. A marca refere-se ao nome de um serviço ou produto, inclusive ao logotipo que o identifica. A patente registra os aspectos funcionais, proporcionados por uma nova tecnologia de produto ou processo, podendo ser Patente de Invenção (PI) – com proteção de 20 anos – ou Modelo de Utilidade (MU) – proteção de 15 anos. A diferença entre patente de invenção e o modelo de utilidade está no grau de ineditismo da característica que se pretende registrar. O desenho industrial (proteção de 10 anos, renováveis por três períodos de 5 anos) refere-se aos aspectos formais e ornamentais de um objeto, incluindo novos formatos de produtos como eletrodomésticos, móveis, veículos e estamparia têxtil. Excluem-se do registro de desenho industrial os aspectos funcionais e a marca dos produtos.*

ACOMPANHAMENTO DA PI DURANTE O PROJETO DE DESIGN

Os gerentes de design podem acompanhar a criação das inovações durante o próprio desenvolvimento dos projetos. Eles devem ficar atentos para as oportunidades para registrar a PI, seguindo as descrições contidas no briefing de design.

BENEFÍCIOS DE UMA ESTRATÉGIA INTEGRADA DE PI

Diferentes aspectos inovadores do projeto podem ser protegidos adequadamente pelo registro das marcas, patentes ou desenho industrial. O gerente de design deve ficar atento para identificar essas oportunidades, comunicando-as no devido tempo aos responsáveis por esses registros, prevenindo-se dos seguintes riscos:

- *Invasão de direitos* – Muitas vezes, depois de investir muito tempo, dinheiro e esforço no desenvolvimento, pode-se descobrir que o projeto desenvolvido já está registrado por um outro concorrente. Para evitar essas surpresas desagradáveis, deve-se fazer uma busca antes de se iniciar o projeto ou mesmo durante o seu desenvolvimento.
- *Falha na proteção dos direitos* – Muitas vezes, a proteção dos direitos realiza-se de forma incompleta ou falha, não abordando adequadamente os aspectos importantes, utilizando todas as modalidades de PI.
- *Atraso na proteção dos direitos* – Frequentemente, costuma-se lembrar da necessidade de registrar a PI apenas na ocasião do lançamento de novos produtos, provocando uma corrida para as devidas providências. Quando se descobre, tardiamente, que a característica desenvolvida já tem outro "dono", torna-se necessário refazer o projeto, com os inerentes desgastes, custos e prazos adicionais.

Muitas empresas têm investido na prevenção desses riscos, mantendo uma pessoa ou uma equipe de consultores especializados em PI trabalhando sistematicamente com os projetistas e pesquisadores na identificação de oportunidades e registro das PI em tempo adequado.[6] Dessa forma, é imprescindível que os gerentes de design e sua equipe colaborem nesse esforço para proteger as PI, a partir de um trabalho integrado.[7]

INTEGRAÇÃO DA EQUIPE DE DESIGN COM CONSULTORES EM PI

Praticamente todos os projetos de design envolvem esforços multidisciplinares entre profissionais de design, engenharias, especialistas em *marketing* e outros. Esse tem sido o enfoque tradicional. Contudo, recentemente, muitas empresas têm incluído consultores de PI[8] nessa equipe para que as questões de propriedade intelectual sejam adequadamente tratadas, no devido tempo (Figura 2).

Figura 2. A equipe integrada de projeto inclui um consultor de PI, que colabora do início ao fim do projeto.

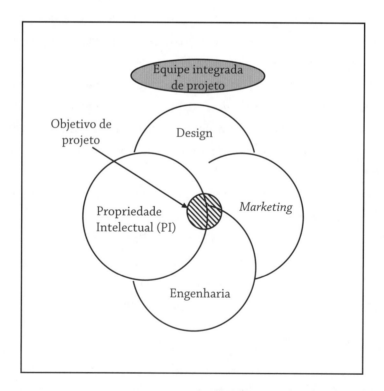

Figura 3. Os consultores em PI trabalham de forma integrada com a equipe em todas as etapas do projeto.

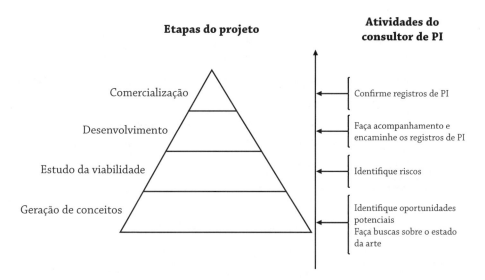

Ao participar das equipes de desenvolvimento, os consultores de PI desenvolvem diversas atividades em cada etapa do projeto (Figura 3). Isso pode ser feito ao longo do processo de elaboração do briefing, como foi apresentado no Capítulo 3. Inicialmente, eles podem fazer buscas sobre o estado da arte e identificar oportunidades potenciais para o projeto. Durante o desenvolvimento, podem identificar eventuais riscos das alternativas desenvolvidas pelos projetistas pela utilização de características já protegidas por outros. Caso se verifiquem oportunidades, podem encaminhar os respectivos pedidos de registro da PI, a fim de proteger as características inéditas. Esse consultor também pode sugerir caminhos que levem a equipe de design a desenvolver características inéditas. Todas essas providências devem ser adotadas ao longo do processo de desenvolvimento do projeto, e não no final do mesmo, como costuma acontecer. Desse modo, o consultor de PI já terá tomado todas as providências necessárias antes do novo produto chegar ao mercado, confirmando que todos os registros de PI foram devidamente realizados.

PESQUISA SOBRE O ESTADO DA ARTE

Uma contribuição crítica do consultor de PI é o levantamento prévio das patentes e registros de desenho industrial já existentes. Essa tarefa é exaustiva, considerando que existem cerca de oito milhões de patentes registradas e mais de meio milhão de registros de desenho industrial. A pesquisa deve concentrar-se especialmente nas patentes em vigor (dentro do prazo de validade). Há numerosos outros casos de patentes pendentes, que são publicados dezoito meses após os respectivos pedidos protocolados, mas que já asseguram a prioridade dos requerentes, pela data de chegada. A busca pode resultar em uma grande coleção de documentos, descrevendo as inovações passadas e atuais.

Para a pesquisa do estado da arte podem ser utilizados vários critérios de busca, como o tipo de tecnologia, aspectos ornamentais e outros. Essa pesquisa é sintetizada em um *inventário* de estado da arte, que o consultor em PI apresenta à equipe de design antes que o projeto seja completamente definido. Dessa forma, identificam-se as principais oportunidades e riscos, para eventuais ajustes no projeto. Com isso, os esforços dos projetistas podem produzir resultados mais efetivos.

A pesquisa pode ser mais focada, quando for disponível uma descrição detalhada das características desejáveis do projeto.

OS RISCOS POTENCIAIS

Após o levantamento do estado da arte, devem ser identificados os conceitos "arriscados" porque podem infringir os direitos já depositados por terceiros. Isso pode abranger tanto as patentes dos elementos funcionais como o desenho industrial dos aspectos formais e decorativos. O desconhecimento dessas informações pode levar a demandas judiciais. Desse modo, a identificação prévia dos riscos é uma etapa fundamental para o início do projeto.

Tendo conhecimento do estado da arte, a equipe de projeto poderá trabalhar para evitar ou contornar os registros já existentes e produzir inovações que ainda não estejam registradas. Nesse caso, os consultores de IP ajudam a equipe de design a "navegar" em torno do tema, evitando "colisões" com direitos já estabelecidos.

GERAÇÃO DE CONCEITOS

A geração de conceitos é uma das etapas iniciais do projeto, na qual o consultor de PI já pode colaborar para que os conceitos gerados se encaminhem para a criação de características inéditas que, ao mesmo tempo, não invadam o "terreno" daqueles já registrados por outros.

O levantamento do estado da arte permite comparar os conceitos gerados com aquilo que já existe. Ao consultar o inventário do estado da arte, elaborado pelos consultores de PI, os projetistas conseguem "mapear" a geração dos novos conceitos, de modo a desviar-se daqueles já registrados e procurar outros caminhos promissores. Esse inventário lista os esforços já realizados pelos outros. Contudo, pode haver também a lista de patentes obtidas pela própria empresa. Essa lista é particularmente valiosa, pois indica os pontos fortes da empresa, onde devem ser concentrados os novos esforços.

O inventário do estado da arte pode indicar também os riscos potenciais de conflitos de registros de outras empresas. Um concorrente que esteja desenvolvendo projetos semelhantes pode chegar à frente e conseguir o privilégio da patente. Nesse caso, talvez compense concentrar esforços para acelerar o projeto, a fim de vencer a corrida. Evidentemente, cabe aqui uma análise econômica do custo-benefício para que essa decisão seja tomada.

A pesquisa do estado da arte pode identificar também aquelas patentes que já caíram no domínio público e que podem ser utilizadas livremente. Em outros casos, compensa fazer uma negociação com o detentor da patente para obter um licenciamento. Nesses casos, as empresas podem adquirir o direito de uso dessas patentes para uma produção imediata. Contudo, muitas delas continuam a investir em pesquisa e desenvolvimento no assunto, para que possam patentear novas versões ou futuras evoluções da tecnologia.

ESTUDO DE VIABILIDADE

Já vimos que o esforço de desenvolvimento de novos projetos deve ser feito em equipe, com especialistas em *marketing*, engenheiros, designers e consultores de propriedade intelectual. Na etapa do estudo de viabilidade, os especialistas de *marketing* selecionam conceitos de produtos que tenham bons potenciais de mercado. Enquanto isso, os engenheiros de designers preocupam-se com os aspectos funcionais, formais e custos. Os consultores de PI verificam se há características inovadoras que podem ser registradas e orienta o grupo na seleção do conceito considerado mais promissor.

Se o consultor de PI identificar algum risco de conflito com patentes já registradas, ele deve orientar o grupo para contornar esse risco. O consultor pode trabalhar em colaboração com o grupo de design, para verificar até que ponto devem ser introduzidas as modificações. Essa providência, realizada nas etapas inicias do projeto, pode evitar desperdício de tempo e de recursos, além de possíveis aborrecimentos com os retrabalhos, caso o projeto precise ser refeito.

O consultor de PI também pode começar a trabalhar na proteção legal dos conceitos. Se o pedido de patente for depositado na etapa de estudo de viabilidade, os projetistas podem trabalhar sem maiores preocupações com sigilos, inclusive nas negociações com os fornecedores terceirizados e testes com consumidores. Quando isso não for possível ou não houver interesse, devem ser assinadas cláusulas de sigilo com os integrantes do grupo de projeto.

DESENVOLVIMENTO DO PRODUTO

Os consultores de PI já eliminaram aqueles conceitos com patentes registradas ou potencialmente arriscados na etapa de estudo de viabilidade, e, agora, o grupo de design pode dedicar-se ao desenvolvimento daquele conceito selecionado. Nessa etapa, o consultor pode analisar as características inovadoras e que poderiam ser objeto de registro dos direitos intelectuais.

COMERCIALIZAÇÃO

Ao final do desenvolvimento, o consultor de PI deve verificar se todos os aspectos inovadores do projeto foram devidamente protegidos, antes que o produto seja colocado em produção e comercialização. Naturalmente, essa proteção nunca é 100% segura, pois podem existir falhas ou brechas para a entrada dos concorrentes ou mesmo caminhos fáceis para serem contornados. Para reduzir esse risco, pode-se solicitar opiniões escritas de outros especialistas.

Após o lançamento, e durante toda a vida útil do produto no mercado, o consultor de PI deve fazer acompanhamento para verificar se não está havendo conflitos com terceiros e se os próprios direitos não estão sendo violados.

CAPÍTULO 12

EXEMPLO DE UM BRIEFING DE DESIGN

Todas as vezes que apresento o seminário sobre briefing de design pelo DMI, invariavelmente, alguém pergunta se posso mostrar uma fórmula para o briefing "perfeito". Minha resposta, invariavelmente, é: "Infelizmente, não". Há muitas razões para isso. Primeira, não existe nenhuma fórmula pronta para se produzir um briefing perfeito. O briefing é elaborado de forma participativa, com diversos tipos de negociações e ajustes entre os participantes para cada projeto específico, portanto, pode assumir feições diversas, de acordo com os participantes e a evolução desse processo.

A segunda razão é que, se houvesse um exemplo real desse briefing perfeito, provavelmente o seu autor não permitiria que fosse publicado em um livro ou distribuído durante um seminário. Um bom briefing pode conter diversas informações confidenciais, tais como estratégia da empresa, resultados de pesquisas com consumidores e planos futuros. As empresas, em geral, não permitem que esse tipo de informações seja divulgado. Assim, os briefings de design também são considerados altamente confidenciais.

Já participei da elaboração de centenas de briefings, em diversas empresas, e elas geralmente incluem cláusulas de confidencialidade. Isso significa que não posso divulgar os conteúdos desses documentos fora dessas empresas. O que posso fazer é apresentar um briefing fictício para uma empresa imaginária, apenas a título ilustrativo.

Para elaborar esse exemplo, usei como ponto de partida o caso real de uma empresa descrita no Capítulo 3. Trata-se de um problema típico, existente em muitas empresas. A partir desse ponto, tudo o mais sobre a empresa ACME é fictício, inclusive o seu nome. Supõe-se também que esse documento seja um primeiro rascunho para ser apresentado e discutido pela equipe responsável pela elaboração do briefing. Essa equipe provavelmente fará mudanças, incluindo ou excluindo matérias, além de reformular a redação de alguns tópicos. Mais uma vez, considere o exemplo apenas como um ponto de partida para a elaboração de um briefing.

Escolhi, também, uma forma descritiva de redação, por ser a minha preferida. Ressalto que você poderá escolher qualquer outro formato, de acordo com a sua preferência ou cultura da empresa. O importante é usar termos claros tanto para você como para a empresa.

> **Empresa ACME**
> *Briefing de design*
> **Redesenho completo do portfólio**

SUMÁRIO EXECUTIVO

O portfólio atual da nossa Empresa ACME apresenta diversos tratamentos visuais, criados ao longo dos anos, de acordo com vários objetivos e estratégias de negócios vigentes em cada época. Em consequência, esse portfólio carece de clareza e coerência visual. Isso provoca confusão em nosso público-alvo, sendo difícil identificar a nossa marca no mercado globalizado. Há urgente necessidade de se estabelecer um padrão de design, para ser adotado em toda a empresa, e redesenhar todo o portfólio. Esse padrão deverá ser adotado nos futuros produtos a serem lançados pela empresa. O trabalho de unificação visual poderá proporcionar maior clareza, coerência, vantagem competitiva e maior participação no mercado.

O padrão de design a ser elaborado deverá incorporar os elementos da marca de nossa empresa, apresentar uma coerência visual em todas as aplicações e permitir uma clara distinção dos diferentes produtos.

Para a execução mais eficiente deste projeto, deverão ser cumpridas oito fases:

Fase 1	Realizar uma análise visual completa do atual portfólio da empresa, bem como dos portfólios visuais dos três principais competidores.
Fase 2	Desenvolver, no máximo, seis conceitos iniciais de design, de acordo com os objetivos do projeto.
Fase 3	Testar todos os conceitos iniciais com o público-alvo.
Fase 4	Selecionar os três melhores conceitos iniciais, refiná-los e testar novamente esses três conceitos com o público-alvo.
Fase 5	Selecionar o conceito final, desenvolvê-lo completamente e fazer o teste final com o público-alvo.
Fase 6	Preparar o material para apresentação e aprovação.
Fase 7	Implantar a solução aprovada.
Fase 8	Desenvolver um sistema de avaliação.

O projeto deverá ser concluído até (data). O orçamento previsto para o projeto é de (valor monetário).

Os responsáveis pelo projeto serão o Sr. (nome), Vice-presidente de *Marketing* e Sr. (nome), Diretor de Design.

A equipe de elaboração do briefing de design é constituída por: (lista de nomes e cargos de cada membro da equipe)

Nota: *Em relação ao exemplo apresentado no Capítulo 3, acrescentei mais duas fases. Como já foi mencionado, esta seção é usada como sumário executivo.*

ANÁLISE SETORIAL

A empresa atua no setor que movimenta sessenta bilhões de dólares anuais em todo o mundo. Embora existam mais de 125 marcas concorrentes, apenas quatro delas são consideradas líderes do mercado. Essas quatro marcas respondem por 65% do mercado global. Nos últimos anos, o mercado tem crescido continuamente, tendo dobrado na última década. Para atender a essa crescente demanda, surgiram mais de trinta novas empresas concorrentes nesta década.

A Marca X é a atual líder no mercado mundial, com participação de 25,5%. Ela foi a terceira empresa a entrar nesse ramo desde seu surgimento, há 47 anos. Nos últimos sete anos, incorporou duas outras marcas mais antigas do mercado, tornando-se líder. Ela conseguiu a liderança por ser uma das marcas mais antigas, por ter um sistema mundial de distribuição e por ser uma marca muito conhecida do público-alvo. A Marca Y é a segunda maior concorrente, respondendo por 15,5% do mercado mundial; atingiu essa posição devido ao *marketing* e técnicas de promoção muito agressivas e realiza campanhas promocionais, concedendo descontos em todo o mundo. Com essas ofertas, seus produtos parecem ter preços menores que os dos concorrentes.

A nossa empresa ACME vem em terceiro lugar, tendo participação de 12% no mercado, com a Marca Z. Essa marca está no mercado há 28 anos, sendo mais antiga que a Marca Y, que tem vinte anos. A empresa utiliza uma só estratégia para todos os produtos da Marca Z. Essa marca não é utilizada em nenhum outro produto da empresa. Os consumidores consideram que os nossos produtos têm preços competitivos. Além disso, têm uma boa distribuição em nível mundial, com presença garantida nas grandes redes de varejo.

A Empresa ACME existe há sessenta anos. Ela é de capital aberto, sendo dirigida por uma diretoria eleita pelos acionistas. As suas ações alcançaram o pico de US$ 93,00 no ano passado e atualmente são cotadas a US$ 57,00. A empresa chegou à terceira posição no mercado devido ao *marketing* e propaganda agressivos, focalizando na qualidade superior e profissionalismo dos produtos. Ela não tem oferecido grandes descontos nos pontos de venda; seus preços acompanham aqueles das Marcas X e Y.

As posições relativas dos principais competidores estão mais ou menos estáveis nos últimos dez anos. Algumas empresas menores são mais fortes regionalmente, mas não competem no mercado global.

A demanda pelos produtos cresceu rapidamente durante quase vinte anos. Contudo, observa-se uma pequena tendência de saturação e queda. Isso se deve à recessão econômica em vários países e à mudança dos hábitos de consumo.

Os analistas econômicos preveem que muitas empresas do setor desaparecerão nos próximos cinco anos. Algumas delas serão incorporadas por uma das três líderes atuais, enquanto outras simplesmente deixarão de operar. Segundo esses analistas, o mercado será ocupado por doze marcas, no máximo.

Portanto, neste momento, a ACME deve esforçar-se para continuar sendo uma das quatro líderes, reforçando sua presença no mercado pela fixação de sua marca e introdução de melhorias no produto.

Nota: *Há uma clara indicação de que esta seção foi produzida pelo grupo de pesquisa de mercado ou pelo setor de* marketing *da empresa. Cabe a pergunta: por que a análise setorial é importante para os designers? Primeiro, porque ajuda a compreender o que aconteceu e o que está acontecendo atualmente no setor. Um ponto importante é a informação sobre a dimensão do mercado mundial – sessenta bilhões de dólares. Isso significa que os produtos desse setor são largamente consumidos no mundo inteiro, sendo bem conhecidos no mercado.*

A informação sobre a existência de 125 marcas concorrentes indica a necessidade de destacar-se no mercado. O design deve ser atraente e saliente, a fim de diferenciar-se dos concorrentes. Contudo, a análise informa que há apenas quatro empresas grandes no setor, sendo que a ACME ocupa o terceiro lugar. Isso indica que se deve estudar principalmente essas quatro marcas, fazendo-se uma cuidadosa análise visual delas.

Também é importante, para os designers, saber que o setor existe há quase meio século e que a empresa líder atua há 47 anos. Isso significa que já existe uma tradição no mercado, com algumas marcas bem estabelecidas. Dessa forma, não será fácil produzir uma imagem completamente nova sem correr o risco de produzir perigosas rupturas com os consumidores tradicionais. A ACME também tem esse problema. Ela está no mercado há 28 anos e a sua marca tem uma imagem forte. Traduzindo, isso significa que se deve tomar cuidado para não se afastar em demasia da identidade atual.

Outra informação a ser considerada são as dezenas de concorrentes menores, relativamente novos e não tão conhecidos como as líderes. Essas empresas menores têm mais liberdade de apresentar-se com imagens modernas, inovadoras e até de forma "experimental".

Sabemos também que a primeira colocada na liderança tem adotado práticas muito agressivas no mercado. Ela tem adquirido outras empresas para eliminar a concorrência e está sempre oferecendo descontos. Isso significa que procura conservar a sua posição no mercado praticando menores preços. O seu sistema de distribuição é muito eficiente e os consumidores podem encontrar seus produtos em qualquer lugar.

A ACME adotou a estratégia de enfatizar a sua qualidade superior, em vez de oferecer menores preços. Esse ponto é crucial para o trabalho dos designers. O design do novo portfólio deve conter a mensagem dessa "qualidade superior".

Finalmente, sabe-se que há uma saturação do mercado. Parece que não há mais lugares para novas marcas. Ao contrário, algumas das marcas atuais poderão desaparecer nos próximos anos. A ACME tem todas as condições para sobreviver, então, devem ser produzidos alguns conceitos de design mais duráveis no tempo. Enquanto as novas empresas podem adotar tendências contemporâneas com mais liberdade de criação, a ACME não poderá se sujeitar a modismos passageiros. A ACME não deve correr o risco de encontrar alguém, em 2015, dizendo que tem uma imagem de 2003 ou a empresa tem uma imagem antiquada. Desse modo, a ACME pretende atualizar a sua imagem, mas sem perder a característica de um produto tradicional, há muito tempo no mercado. Portanto, deverá renovar-se sem esquecer a sua herança.

Todos esses pontos devem ser discutidos pelo grupo de design antes de começar a gerar conceitos. A ACME deverá apresentar uma imagem renovada e atual, mas sem seguir modismos passageiros. A mensagem da qualidade superior deverá figurar de forma muito clara e forte. Em resumo, esse é o desafio que se coloca aos designers.

Assim, na sua empresa, a pesquisa de mercado ou de marketing *deve fornecer esse tipo de análise setorial. Cabe ao grupo de design analisar essas informações como importante insumo na elaboração dos conceitos de design.*

ANÁLISE DO PÚBLICO-ALVO

Os produtos da ACME são considerados de necessidade básica para a limpeza e conservação residenciais. Eles estão presentes em quase todas as casas, apartamentos e hotéis.

O público-alvo é constituído tanto de homens como de mulheres adultos que tenham residência fixa. Portanto, excluem-se as crianças e adolescentes que moram com os pais. Os mais jovens que passam a morar sozinhos pela primeira vez preferem os modelos mais econômicos da linha básica. Aqueles entre 24 e 30 anos preferem modelos da linha intermediária, de preço médio ou até mais caros. Já as pessoas mais amadurecidas, entre 40 e 60 anos, preferem os modelos mais caros da linha superior, disponíveis em várias versões. Até vinte anos atrás, a decisão de compra era feita pelas mulheres. Contudo, hoje, essa decisão cabe tanto às mulheres como aos homens, indistintamente.

O grau de instrução e de renda é um fator importante na preferência dos consumidores. Os modelos superiores são preferidos pelos que têm nível de instrução universitário. Os modelos básicos são preferidos pelas pessoas de nível médio, de todas as idades, que desejam simplicidade de operação, desempenho básico e baixo custo.

Alguns modelos especiais, principalmente aqueles compactos, são preferidos para uso em *trailers* e barcos. O mesmo acontece com os estudantes que moram em quitinetes e alojamentos pequenos.

Outra classe de público-alvo é constituída pelos consumidores institucionais instalados em grandes espaços ou prédios de escritórios. Estes preferem modelos maiores e mais potentes do tipo "industrial", apesar do maior custo inicial.

Nossos produtos são classificados como bens duráveis. Assim, cada consumidor os compra, em média, quatro vezes durante a vida. O esforço do *marketing* é dirigido para que as pessoas entre 20 e 30 anos comprem inicialmente o modelo básico, de baixo preço. Mais tarde, trocariam duas ou três vezes, ao longo da vida, pelos modelos mais avançados. Essas trocas ocorrem em intervalos aproximados de dez anos, até os 60 anos de idade. Pessoas idosas, acima dos 70, retornam aos modelos básicos, devido à facilidade de uso e baixo preço.

As características mais apreciadas por todos os consumidores são: funcionalidade, facilidade de uso, desempenho, durabilidade, custo, garantia e facilidade de manutenção.

Os consumidores mais jovens (18 a 30 anos) interessam-se por eventos esportivos, festas, música, vídeos e turismo interno. Aqueles entre 30 e 50 anos preferem eventos culturais, como teatro, leitura, viagens ao exterior e eventos *outdoor*, como esquiar e praticar esportes aquáticos. Acima de 50, preferem ficar em casa ou em casa de veraneio assistindo à televisão, lendo ou participando de atividades comunitárias.

Nota: *Esta seção também apresenta muitas informações úteis ao grupo de design. A ACME oferece muitas opções aos consumidores, desde os modelos básicos, até aqueles luxuosos ou potentes para uso industrial. O perfil dos consumidores para cada tipo de produto é descrito em termos de faixa etária, escolaridade, nível de renda, interesse e sofisticação. É importante lembrar que todas essas descrições referem-se à média do mercado, podendo haver exceções em casos individuais. Por exemplo, pode-se encontrar um consumidor jovem que goste de um produto mais sofisticado, mesmo que more em uma quitinete.*

Os designers devem considerar as necessidades de cada classe de consumidores. Por exemplo, as embalagens devem ser diferentes para cada tipo de produto? Quais são as implicações das compras feitas tanto por homens como por mulheres? Isso significa que o tratamento gráfico deve ser neutro?

Outro ponto importante é constatar que os consumidores muito jovens e aqueles muito idosos preferem os modelos básicos. Portanto, há um ponto de convergência entre esses dois extremos. O que isso significa para o design? O projeto deve apresentar preferência para um desses grupos? De que modo o design pode atender a ambos?

Essas discussões sobre design *foram baseadas no material fornecido pela pesquisa de* marketing. *Quando eles fizeram essa pesquisa, não estavam preocupados com design, propriamente. Dessa forma, a partir das informações de* marketing, *o design deve elaborar a sua própria estratégia. Muitas vezes, essas pesquisas não fornecem detalhes suficientes, como já mencionei no Capítulo 3. Por exemplo, a descrição do público-alvo como "mulheres dos 20 aos 50 anos" não é suficiente para o design, pois mulheres de 50 poderão ter necessidades e preferências muito diferentes daquelas de 20.*

PORTFÓLIO DA EMPRESA

O portfólio completo da ACME apresenta um total de cem itens. Este projeto não fará redesign ou proposta de nenhum produto propriamente dito. O redesign abrangerá apenas as embalagens, manuais, *displays* para o varejo, catálogos e instruções para vendas. Esses cem itens incluem produtos de três categorias:

- *Linha básica*: composta de quatro modelos bastante funcionais, sem enfeites, acessórios ou outras opções: um modelo completo, um modelo manual, um modelo comercial completo e um modelo comercial manual. Esses são produtos de menores preços, sendo recomendados US$ 40,00 para o modelo completo, US$ 30,00 para o modelo manual, US$ 65,00 para o modelo comercial completo e US$ 55,00 para o modelo comercial manual.

- *Linha intermediária*: composta de quatro modelos de melhor qualidade: um modelo completo, um modelo manual, um modelo comercial completo e um modelo comercial manual. Há mais de cinco acessórios opcionais para cada modelo, vendidos separadamente. Esses acessórios não são compatíveis com a linha básica. Incluindo-se esses acessórios, a linha intermediária é composta de 24 itens no total. O preço sugerido é de US$ 125,00 para o modelo completo, US$ 100,00 para o modelo manual, US$ 175,00 para o modelo comercial completo e US$ 140,00 para modelo comercial manual. Os acessórios são vendidos na faixa de US$ 30,00 a US$ 80,00 cada.

- *Linha superior*: tem tecnologia mais avançada, componentes de alta qualidade, garantia para todos os componentes e embalagens em maletas de couro, tanto para o equipamento como para os acessórios. Ela é composta de quatro modelos: um modelo completo, um modelo manual, um modelo comercial completo e um modelo comercial manual. Cada modelo é oferecido com cinco acessórios opcionais, vendidos separadamente. Há três opções de cores, tanto para o aparelho como para os acessórios: branca, cinza e azul. A linha superior abrange 72 itens, incluindo os acessórios e cores diferentes. O preço sugerido é de US$ 430,00 para o modelo completo, US$ 375,00 para o modelo manual, US$ 550,00 para o modelo comercial completo e US$ 500,00 para o modelo comercial manual. Os acessórios oscilam entre US$ 80,00 e US$ 250,00 cada. Não há diferenças de preços entre as cores.

Os produtos da ACME são vendidos no mundo todo, com pequenas variações para adequar-se aos mercados locais. Essas diferenças abrangem tanto os produtos em si como os materiais de auxílio às vendas, *displays* para lojas, catálogos e manuais dos usuários.

Os concorrentes oferecem produtos e acessórios semelhantes. A Marca X, líder do mercado, oferece alguns acessórios para a sua linha básica. Ela também não vende os produtos de linha comercial para os clientes não comerciais. A Marca Y não oferece acessórios para os produtos de sua linha básica, mas oferece um ou mais acessórios gratuitamente para as linhas intermediária e superior, durante os períodos de promoção. A nossa Marca Z oferece grandes descontos durante curtos períodos, nas vésperas de datas comemorativas. Ela não oferece acessórios para a sua linha básica e nem acessórios gratuitos para as outras linhas.

A ACME pretende firmar-se no mercado oferecendo alta qualidade e valor nos seus produtos. Ela não está preocupada em competir em preço, pois considera que os consumidores estão dispostos a pagar mais pela qualidade superior. Durante a primeira década de atuação, expandiu-se oferecendo apenas os produtos da linha básica, diversificando-se, posteriormente, para as atuais três linhas. Os acessórios e cores foram introduzidos há sete anos.

O período de rápida expansão do mercado está se acabando. Dessa forma, a empresa concentrou sua estratégia na melhoria da qualidade e confiabilidade de seus produtos. Essa decisão foi baseada na filosofia geral da empresa, empenhada em oferecer qualidade superior e valor para os consumidores.

As pesquisas de mercado demonstraram que os produtos da ACME não são claramente identificados pelos consumidores. Sua imagem foi diluída e fragmentada, sobretudo durante o período de rápida expansão do mercado, quando foram introduzidos os produtos da linha superior, opções de cores e acessórios. Alguns consumidores reclamam que confundem as embalagens quando querem adquirir acessórios. Eles ficam em dúvida se um determinado acessório serve para um determinado modelo ou ano de fabricação.

Os dois principais concorrentes da ACME anunciam que os acessórios deles são compatíveis e melhores que os da ACME. Eles chegam ao ponto de colocar o seguinte aviso nas embalagens: "Compatível com todos os modelos da ACME". Esses acessórios dos concorrentes são oferecidos a preços bem inferiores aos da ACME.

Tentando reduzir essa confusão, os dirigentes da ACME resolveram redesenhar todo o seu portfólio, incluindo catálogos, embalagens, *displays* para lojas e manuais. Com isso, pretende-se que o consumidor possa identificar rapidamente os "produtos genuínos da ACME", fortalecendo, assim, a imagem dos seus produtos de qualidade e valores superiores em todo o mundo.

Nota: *Esta seção que trata do portfólio da empresa é importante porque define a abrangência do projeto. Ela informa aos designers sobre os produtos a serem redesenhados, faz as descrições de cada produto, produtos concorrentes, além das estratégias de* marketing *e promoções adotadas pela ACME e seus concorrentes. Explica também a filosofia e estratégias empresariais da ACME.*

Quando a equipe de design reunir-se para discutir esse briefing, *deverá organizar uma grande matriz PROJETOS X PRODUTOS. Na linha superior, listar horizontalmente os cinco PROJETOS incluídos no redesign: instruções de vendas;* displays *para lojas; catálogos; embalagens; e manuais dos usuários. No sentido vertical, na coluna à esquerda, listar os PRODUTOS, abrangendo os cem itens comercializados pela empresa. Nesse exemplo, resultam quinhentas células nos cruzamentos das cinco colunas com cem linhas.*

Em seguida, deve-se analisar cada uma das células dessa matriz. Por exemplo, pode-se começar com a coluna INSTRUÇÕES DE VENDAS e percorrê-la de alto abaixo, anotando os dados disponíveis e o que deverá ser feito no cruzamento de cada linha ou seja, para cada produto. Por exemplo, podem-se analisar essas instruções dos concorrentes para os produtos completos da linha básica. É uma tarefa demorada, mas compensadora.

Nessa matriz, será possível visualizar todo o trabalho a ser realizado. A partir disso, pode-se fazer uma programação das atividades, definindo os prazos, orçamentos e aspectos críticos em cada fase. Além disso, pode-se ter um retrato das forças e vulnerabilidades da empresa. O projeto pode ser visto como um imenso jogo de armar. Você deve posicionar cada peça no seu lugar correto, de forma coerente e lógica, para se solucionar o problema.

Você deve preparar esse tipo de matriz, mesmo que o seu projeto abranja apenas alguns tipos de produtos ou poucos projetos de design. É importante ter uma visão abrangente, pois uma pequena mudança poderá ter implicações em todo o portfólio da empresa. Sem isso, corre-se o risco de introduzir mudanças localizadas que fiquem incompatíveis com o restante.

Agora, uma sugestão. Você poderia organizar uma matriz desse tipo para a sua empresa. Não é necessário ficar esperando por projetos. Eu conheço vários grupos de design que fazem isso rotineiramente em suas empresas. Essa matriz é continuamente atualizada, eliminando-se os produtos que saem de linha e colocando-se os novos lançamentos. Assim, o próprio grupo de design pode antecipar-se, sugerindo redesign de produtos existentes ou propondo novos projetos para preencher determinadas lacunas.

Uma grande empresa em que trabalhei tinha uma sala só para esse tipo de atividade. Todas as paredes foram cobertas com fotos dos produtos da empresa e outros materiais de apoio visual. Isso foi organizado pelo grupo de design, como material de trabalho para eles. Contudo, quando outras pessoas ficaram sabendo, a sala começou a receber muitas visitas. Particularmente, o pessoal de marketing e de vendas disse que nunca tinham visto uma forma tão interessante de apresentar a empresa. O próprio presidente da empresa ficou encantado. Com isso, o grupo de design conseguiu maior reconhecimento e valorização pela empresa.

OBJETIVOS DOS NEGÓCIOS E ESTRATÉGIAS DE DESIGN

Os objetivos dos negócios visados pelo projeto de design devem ser desdobrados nas respectivas estratégias de design, como se vê na Tabela 2.

TABELA 2. Exemplo de detalhamento dos objetivos dos negócios e estratégias de design.

Objetivos dos negócios	Estratégias de design
Redesenhar o portfólio dos produtos da empresa para melhorar a coerência visual e permitir um melhor reconhecimento da marca pelos consumidores em todo o mundo.	Desenvolver um padrão único da marca para ser aplicado em todas as situações.
	Desenvolver um padrão tipográfico único para ser aplicado em todas as situações.
	Desenvolver uma paleta de cores a ser aplicada em todos os produtos e explorar conceitos para aplicação de cores em cada classe de produtos.
	Explorar conceitos visuais para a apresentação dos produtos. Por exemplo, fotos, ilustrações, situações de pessoas usando os produtos, detalhes e características especiais de cada produto.
Diferenciar claramente a imagem dos produtos da ACME, destacando-a frente aos concorrentes.	Analisar os principais concorrentes quanto aos estilos e uso dos elementos visuais.
	Desenvolver conceitos de design diferentes dos concorrentes e que transmitam a idéia de "produto de melhor qualidade".
Aumentar a participação no mercado.	Desenvolver conceitos de design para que os consumidores possam reconhecer imediatamente os produtos da ACME, reforçando a mensagem da qualidade e valor superiores.
Melhorar a imagem da empresa com novas aplicações do seu logotipo.	Desenvolver conceitos de design de modo que o logotipo da empresa apareça de forma bem visível em todos os produtos da empresa.
	Desenvolver novas aplicações do logotipo, de modo que a marca da empresa adquira uma imagem mais moderna e contemporânea.
Sugerir perfis e padrões visuais de novos produtos.	Desenvolver padrões, de acordo com as tendências atuais do design, dando preferência ao estilo clássico, sem parecer antigo ou ultrapassado.
	Sugerir perfis de novos produtos e seus respectivos públicos-alvo.
	Desenvolver um padrão de estilo que possa perdurar pelo menos durante dez anos.
Fazer uma clara distinção entre os três segmentos de mercado: Linha básica Linha intermediária Linha superior	Desenvolver conceitos para diferenciar cada linha de produtos e seus acessórios, contudo mantendo uma coerência entre eles, para serem reconhecidos como produtos da mesma empresa.

Nota: *Esta seção lista os objetivos dos negócios visados pelo projeto e considerados prioritários pela empresa. Estes se desdobram nas respectivas estratégias de design. As estratégias de design não descrevem detalhes dos conceitos nem a forma de realizá-los. Como foi mencionado no Capítulo 3, essas estratégias podem sofrer mudanças durante o desenvolvimento dos conceitos. Elas servem apenas como ponto de partida. Tudo isso é muito dinâmico e os próprios objetivos dos negócios podem mudar. Quando surgirem novos objetivos, as estratégias de design correspondentes devem ser adaptadas à nova situação.*

Contudo, na medida do possível, essas mudanças devem ser minimizadas. Os objetivos dos negócios devem ser continuamente monitorados, bem como as suas consequências sobre as estratégias de design. E cada uma dessas estratégias deve ser discutida pelo grupo de design antes de ser incorporada ao briefing de design.

OBJETIVO, PRAZO E ORÇAMENTO DO PROJETO

Nesta seção, serão desenvolvidas as oito fases enumeradas no sumário executivo, especificando-se as principais atividades e responsabilidades pela sua execução, além dos prazos e orçamentos para cada fase.

Nota: *No exemplo que se segue, supõe-se que o grupo de design faça parte da própria empresa, sendo que todos os designers são empregados da empresa. Assim, o orçamento não inclui os seus salários, apenas os custos adicionais com materiais e serviços. Nesses casos, os salários e os benefícios sociais gastos com os empregados não são apropriados diretamente aos custos de cada projeto. Contudo, algumas empresas adotam sistemas de custeio que incluem esses custos de pessoal nos orçamentos de cada projeto. Geralmente, isso acontece no caso dos projetos executados por terceiros. A inclusão desses custos de pessoal no orçamento, evidentemente, implica valores superiores que aqueles de projetos internos que não as incluem.*

Fase 1– Fazer uma análise visual do portfólio atual da empresa, assim como dos portfólios dos outros dois principais competidores.

Esta fase inicial envolve a coleta e análise do material visual existente, com as seguintes tarefas:

- *Coletar materiais gráficos* – Coletar um exemplar de todos os materiais gráficos (embalagens, *displays* de vendas, material de auxílio às vendas, manuais dos usuários) disponíveis das marcas X, Y e Z, incluindo todos os catálogos da ACME. (A marca Z é da própria ACME. Os materiais das marcas concorrentes X e Y já são coletadas rotineiramente. Assim, já devem existir muitos materiais disponíveis nos arquivos e provavelmente faltará pouca coisa para ser completada).
- *Fazer a análise visual dos materiais coletados* – A análise visual do material coletado será realizada pelo gerente de design (nome) e mais quatro designers (listar os nomes). Isso deverá durar cerca de cinco dias (40 horas). Não há custos diretos alocados a essa atividade, porque será feita pelo pessoal da própria empresa e os materiais já estão quase todos disponíveis.
- *Redigir o relatório da análise visual* – O relatório da análise visual deve destacar os principais pontos fortes e fracos das empresas X, Y e Z. Esse relatório deve ser preparado pelo gerente de design (nome) e o coordenador do projeto (nome). São previstos três dias para a preparação do relatório. Não há custos adicionais para essa tarefa, realizada pelo pessoal interno.
- *Distribuir o relatório da análise visual* – O relatório deverá ser distribuído por meio eletrônico ou impresso, a todos os membros do grupo de design, à equipe de elaboração do briefing e aos demais envolvidos nas diversas fases de elaboração e aprovação do projeto. Esse relatório deve ser anexado ao briefing de design. Os materiais coletados para a análise visual devem ser conservados, para que possam ser consultados a qualquer tempo. O tempo necessário para elaborar as cópias e distribuições do relatório é de dois dias. Há um custo de US$ 600,00 para cópias, distribuição e armazenamento desses materiais.
- *Revisar o relatório da análise visual* – A revisão do relatório será feita em uma reunião com o diretor de *marketing*, diretor de vendas e todo o grupo de design. Essa reunião deverá ser agendada para seis dias após a distribuição do relatório. Ao

final da reunião, deverá haver aprovação do relatório, com as eventuais correções.

- O tempo total previsto para a Fase 1 é de três semanas e o custo total é de US$ 600,00.

Fase 2 – Desenvolver seis conceitos criativos de design, no máximo, para atender aos objetivos dos negócios.

Trabalhando em equipe, quatro designers devem desenvolver conceitos criativos, sob supervisão do diretor de design. Durante a geração de ideias, devem ser produzidos muitos conceitos, mas apenas os seis melhores devem ser selecionados para apresentação. Todos esses conceitos devem atender aos objetivos dos negócios, à estratégia de design e aos resultados da análise visual.

Nesta fase, devem ser consultados rotineiramente outros setores da empresa: representante de vendas, *marketing*, legislação, representantes regionais e pesquisadores de mercado. Além disso, eventualmente, alguns fornecedores externos: gráfica, fabricantes de *displays*, engenheiros de embalagens e outros.

A geração e refinamento desses seis conceitos levarão seis semanas. As despesas com contatos, viagens, serviços externos e materiais não deverão ultrapassar US$ 50.000,00. Essas despesas poderão incluir materiais de desenho, material bibliográfico, fotografias, construção de modelos, viagens e diárias.

Ao término desta fase, o grupo de design deve apresentar os seis conceitos à equipe de elaboração do briefing, para aprovação. Para essa discussão e aprovação dos conceitos pela equipe do briefing, deve ser previsto um prazo de uma semana, além das seis semanas para a sua geração, totalizando sete semanas.

Fase 3 – Testar todos os conceitos iniciais com o público-alvo.

Os seis conceitos aprovados devem ser enviados aos executivos de *marketing* e de vendas de todas as regiões geográficas e países. Se possível, devem ser enviados também modelos de *displays*. Deve-se pedir que cada um desses executivos regionais pesquise a opinião de, pelo menos, cinco pessoas representativas do público-alvo, fazendo a pergunta: "Por favor, fale-me de sua primeira impressão sobre cada uma dessas propostas de design".

Essas consultas devem ser gravadas em áudio ou vídeo e não devem demorar mais que quinze a vinte minutos por pessoa. O objetivo é obter as respostas imediatas a cada um dos conceitos. As respostas gravadas devem ser enviadas ao diretor de design (nome e endereço). Esses representantes regionais terão três semanas para completar as entrevistas. As transcrições dessas entrevistas podem ser anexadas ao briefing.

O tempo total alocado à Fase 3 é de quatro semanas, sendo uma para distribuição dos materiais e três para as entrevistas. O orçamento desta fase é de US$ 5.000,00, incluindo-se despesas para reprodução e distribuição dos materiais.

Fase 4 – Selecionar três conceitos iniciais, refinar e testar novamente com o público-alvo.

Após receber as avaliações dos seis conceitos iniciais, em âmbito mundial, o grupo de design deve selecionar os três melhores, considerando as opiniões recebidas, e fazer novos refinamentos dos mesmos. Será necessário um prazo de três semanas para esse processo. O custo será de US$ 35.000,00, destinado aos mesmos itens de despesas descritos na Fase 2.

Esses três conceitos devem ser testados novamente com o público-alvo, repetindo os procedimentos adotados na Fase 3. Esta fase tem uma duração prevista de quatro semanas e um orçamento total de US$ 5.000,00. As transcrições das entrevistas também podem ser anexadas ao briefing. Portanto, a duração total da Fase 4 será de sete semanas, ao custo total de US$ 40.000,00.

Fase 5 – Selecionar o conceito final, desenvolver e testar.

Os resultados da fase anterior devem ser analisados e discutidos pelo grupo de design. O melhor conceito deve ser selecionado para ser desenvolvido completamente e submetido ao presidente para aprovação final. As quatro pessoas da equipe do projeto devem elaborar os detalhes e o modelo da solução escolhida. Nesta fase, o projeto deve ser submetido à revisão de outros especialistas, além da equipe do briefing. Esses especialistas devem elaborar pareceres e propostas por escrito, abordando aspectos específicos de sua especialidade e visando a implementação do projeto, incluindo-se:

- Departamento jurídico – deve fazer revisão dos aspectos legais e preparar parecer sobre a legislação, normas e direitos envolvidos;
- Finanças – deve prever necessidades de investimentos, analisar a viabilidade econômica do projeto, e preparar análises custos/benefícios do projeto;
- Representantes de *marketing* e vendas das principais regiões geográficas – devem elaborar planos de comunicação interna e externa;
- Representante das compras – deve elaborar listas de fornecedores e minutas de contratos;
- Representantes dos fabricantes de componentes terceirizados do projeto – devem indicar possibilidades de fornecimento;
- Representante do setor de distribuição – deve preparar um plano para repor os estoques existentes, substituindo-os com os novos materiais.

A Fase 5 exigirá oito semanas e um orçamento de US$ 100.000,00. Ao término desta fase, uma agência externa deverá ser contratada para fazer uma pesquisa profissional sobre a aceitação do produto junto ao público--alvo, em todo o mundo. O orçamento para esses testes é de US$ 100.000,00, durante quatro semanas. Portanto, a Fase 5 terá duração total de doze semanas, com orçamento total de US$ 200.000,00. Um resumo desses testes poderá ser anexado ao briefing de design.

Ao término da Fase 5, devem-se reunir os pesquisadores da agência externa com o grupo de design e a equipe responsável pelo briefing para uma reunião de um dia inteiro, para análise final do projeto. Um conjunto de materiais deve ser enviado a todos os participantes dessa reunião com uma semana de antecedência, incluindo: a descrição da solução, os resultados dos testes e os detalhamentos preparados pelos especialistas. Com isso, todos os participantes da reunião receberão informações suficientes para tecer eventuais comentários e tomar decisões.

Fase 6 – Preparar material para apresentação final.

O grupo de design deve preparar material para a apresentação final, incluindo um relatório abordando todos os aspectos relevantes do projeto e o material visual de apresentação. Esse material deve ser enviado com uma semana de antecedência ao presidente da empresa. Essa preparação exigirá duas semanas e um orçamento de US$ 8.000,00 para gastos materiais. Após aprovação, ocorrerá a fase de implementação.

Fase 7 – Implementar a solução aprovada.

O plano de implementação deve fazer recomendações para produção e distribuição dos novos materiais, em substituição aos atuais. Deve-se fazer previsão do esgotamento do estoque atual dos materiais impressos, instruções de vendas, catálogos, manuais e embalagens. Na medida do possível, evitar e encalhe desses materiais, substituindo-os gradativamente, conforme os estoques forem se esgotando. Deve considerar também as diferenças regionais.

Para que o projeto seja implementado rapidamente, pode-se constituir um subgrupo da equipe de briefing, que se encarregará de elaborar um plano de implementação. Esse subgrupo poderá trabalhar em paralelo com a Fase 6.

O tempo previsto para a elaboração do plano de implementação é de duas semanas, simultâneo à Fase 6. Não se prevê orçamento específico para esse plano porque as atividades serão realizadas pelos respectivos responsáveis de cada função da empresa.

Para a produção e distribuição dos materiais impressos em todo o mundo, serão necessários três meses e um orçamento global de US$ 1.000.000,00.

Fase 8 – Realizar avaliações.

O grupo de design deve preparar critérios para avaliar o projeto, baseando-se nos seus objetivos dos negócios. A avaliação será feita mensalmente por uma agência externa, por consultas telefônicas aos consumidores de todo o mundo. A amostragem será de 1.200 consumidores ao mês. Essas pesquisas deverão estender-se por dois anos. A agência deverá elaborar relatórios mensais, enviando cópias para os dirigentes da ACME e ao grupo de design.

Essas pesquisas deverão fornecer respostas a um conjunto de quesitos padronizados para serem aplicados em várias partes do mundo. As pesquisas devem ser feitas sem mencionar o nome da empresa ACME ou marca de seus produtos e as dos concorrentes. Ao final, as pesquisas devem fornecer respostas às seguintes questões:

- A marca da ACME é lembrada pelo público-alvo de cada tipo de produto?
- Qual é a porcentagem do público-alvo capaz de reconhecer a marca da ACME?
- Que tipo de percepção o público-alvo tem sobre cada uma das quatro marcas líderes do mercado?
- Os consumidores são capazes de reconhecer os diferentes valores dos produtos pelas suas imagens visuais?
- Há quantos anos o consumidor tem conhecimento das marcas da ACME?
- Os consumidores mudaram de opinião sobre os produtos da ACME nos últimos anos?

Essas informações devem ser coletadas mensalmente, durante dois anos, adicionando-se aos relatórios de acompanhamento do projeto de redesign do portfólio da empresa. Além disso, essas informações serão confrontadas com as vendas mensais e as receitas obtidas, assim como as oscilações do valor das ações. Os acompanhamentos devem ser feitos pelo departamento financeiro da empresa.

A equipe do briefing de design deve realizar reuniões mensais para analisar os relatórios, comunicando qualquer fato estranho à administração superior, para as devidas providências. Esse tipo de acompanhamento também pode fornecer informações valiosas para os grupos de pesquisa e desenvolvimento, indicando oportunidades para formulação de novos projetos.

O tempo total para completar o projeto até o ponto de sua implementação é de 35 semanas, correspondendo a cerca de oito meses. O orçamento total do projeto é de US$ 303.600,00, com um custo de implementação mundial de US$ 1.000.000,00. A Tabela 3 resume as oito fases descritas, com os respectivos prazos e orçamentos.

Nota: *Esta seção apresentou um roteiro para percorrer as diversas etapas do projeto. Ela tem usos como contrato formal entre as partes, instrumento de acompanhamento, apresentação para os não designers e um modo para demonstrar o processo estratégico do design.*

Este exemplo foi baseado em uma atividade usual em qualquer empresa – um redesign completo de seu portfólio. O custo previsto pode parecer muito alto. Contudo, ao decompor esse custo por fases, fica mais fácil de justificá-lo. Se, por acaso, a administração superior exigir uma redução dos custos, deve-se discutir os conteúdos das fases que podem ser eliminados ou reduzidos.

Deve-se considerar, também, que o exemplo refere-se a um grande projeto. Na minha opinião, é melhor envolver o grupo interno de design em um ou dois grandes projetos do que em centenas de pequenos projetos que não provoquem impactos significativos. Naturalmente, esses pequenos projetos podem ser descritos de forma mais sumária. Assim, cada briefing é diferente do outro.

Quero dizer mais uma vez que o grupo de design pode ser mais produtivo se trabalhar de forma planejada, antecipando-se a certas ocorrências. Por exemplo, pode-se coletar rotineiramente os materiais dos principais concorrentes, construir e atualizar continuamente a matriz PROJETOS X PRODUTOS da própria empresa. Assim, ao receber a encomenda de um projeto específico, este poderá ser analisado no contexto dessa matriz e, dessa forma, as respostas poderão ser mais rápidas. Com isso, o grupo poderá conquistar mais respeito dos seus superiores.

Muitos leitores poderão argumentar que existe um excesso de testes ao longo desse briefing. Eles poderão argumentar que seus superiores não estão dispostos a gastar tanto tempo e dinheiro com os testes, mas os testes indicam se o grupo, interno ou externo, está indo no caminho certo. Sem esses testes, poderão ocorrer

TABELA 3. Principais fases do projeto de redesenho do portfólio da empresa ACME.

Fase	Objetivo	Principais atividades	Responsável	Prazo	Orçamento
1	Análise da situação atual	– Coletar material gráfico da empresa e dos dois maiores concorrentes. – Fazer análise visual. – Preparar relatório da análise visual.	– Grupo de design – *Marketing* – Vendas	3 semanas	600,00
2	Desenvolvimento dos conceitos iniciais	– Gerar vários conceitos. – Selecionar os seis melhores conceitos iniciais.	– Grupo de design – Equipe do briefing	7 semanas	50.000,00
3	Teste dos conceitos iniciais	– Testar os seis conceitos com o público-alvo em todas as regiões geográficas.	– Grupo de design – Gerentes regionais	4 semanas	5.000,00
4	Seleção dos conceitos iniciais	– Selecionar os três melhores conceitos. – Refinar os conceitos. – Testar novamente com o público-alvo.	– Grupo de design – Gerentes regionais	7 semanas	40.000,00
5	Seleção do conceito final	– Selecionar e desenvolver o melhor conceito.	– Grupo de design	8 semanas	100.000,00
		– Submeter à revisão dos especialistas para elaboração de pareceres e propostas.	– Diversos especialistas		
		– Pesquisar a aceitação pelo público-alvo.	– Agência de pesquisa	4 semanas	100.000,00
		– Analisar o conceito final do projeto.	– Grupo de design – Equipe do briefing – Agência de pesquisa		
6	Preparação e apresentação do projeto para aprovação	– Preparar material de apresentação. – Preparar o relatório. – Fazer apresentação.	– Grupo de design	2 semanas	8.000,00
		– Aprovar formalmente.	– Presidente		
7	Implementação	– Elaborar plano de implementação.	– Equipe do briefing	2 semanas*	
		– Colocar em produção industrial.	– Empresa gráfica		1.000.000,00**
8	Avaliação	– Estabelecer critérios de avaliação.	– Grupo de design	2 semanas*	
		– Consultar 1.200 consumidores/mês.	– Agência de pesquisa	2 anos com pesquisas mensais***	
			SOMA	35 semanas (8 meses)	303.600,00

* Simultâneas à Fase 6, não provocando aumento do tempo total do projeto.

** Valor não incluído no custo do projeto.

*** Atividade a ser realizada após a implantação do projeto, com preço a ser cotado.

mais desvios cuja correção poderá se tornar muito mais onerosa e demorada que os gastos com os testes.

Durante a minha carreira, encontrei muita resistência aos testes que propus. Nesses casos, eu simplesmente perguntava aos diretores: o que acontecerá se os consumidores rejeitarem o projeto? Quais serão os tempos e os custos adicionais para corrigir os erros? Teremos tempo e dinheiro para fazer tudo de novo? Qual será o dano à imagem da empresa? Geralmente, eles acabavam concordando com os testes, principalmente no caso de projetos de alta visibilidade, como o deste exemplo.

Se você estiver envolvido em um projeto com pequenos riscos, os diretores provavelmente não concordarão em aplicar tempo e dinheiro com testes extensivos. Nesses casos, o próprio designer pode fazer os seus testes informais, como já foi descrito. Ele pode visitar algum ponto de venda e conversar com aproximadamente dez consumidores, o que não deixa de ser uma forma de consulta ao público-alvo, mesmo que não tenha a confiabilidade estatística das pesquisas formais de mercado.

PESQUISA DAS TENDÊNCIAS

As pesquisas das tendências incluem uma previsão da evolução tecnológica, novos produtos a serem lançados no mercado, prazos prováveis desses lançamentos, mudanças de hábitos e preferências dos consumidores, além das evoluções econômicas e sociais em diferentes regiões do mundo. Essas pesquisas são realizadas pelo pessoal de *marketing* e de pesquisa e desenvolvimento, podendo incluir outros especialistas, como estatísticos e antropólogos. Em alguns setores, existem pesquisas realizadas por empresas especializadas ou associações empresariais.

Tais pesquisas procuram fazer uma extrapolação, a partir da análise do contexto atual e evolução de algumas variáveis explicativas. Mesmo que não apresentem informações precisas, mas apenas indicações, elas serão críticas para o desenvolvimento dos princípios, diretrizes e estratégias para os futuros produtos. De preferência, o relatório das tendências deve ser apresentado quatro semanas antes do início do projeto.

Nota: *Neste exemplo não há descrições prévias detalhadas sobre princípios e diretrizes do projeto. Devido à natureza do projeto, tratando-se de redesign de um produto já bastante difundido, pode-se começar a trabalhar sem essas informações prévias. Contudo, isso não significa que elas sejam dispensáveis, mas que as fontes de informações já são conhecidas e que as mesmas poderão ser solicitadas no seu devido tempo. Se houver o risco de essas informações não chegarem a tempo, deve-se prever um prazo adequado no próprio briefing. Assim, evitam-se desculpas do tipo "Eu não sabia que vocês precisavam disso com urgência".*

Finalmente, pode-se fazer a análise custo-benefício, comparando-se o que se gastou com o projeto e o retorno proporcionado pelo mesmo. Antes de se aprovar o briefing, os custos foram apenas estimados. Após a execução do projeto, pode-se calcular os custos com exatidão e fazer estimativas sobre o seu retorno. Essas demonstrações financeiras serão muito úteis para preparar a apresentação do projeto para aprovação. Além disso, podem ser usadas também para se fazer a avaliação, após a implementação da solução. Após essa implementação, o retorno do investimento pode ser calculado com maior precisão e, com isso, o seu custo-benefício.

APÊNDICE

O apêndice deve ser atualizado semanalmente, assim que novas informações forem obtidas. Geralmente incluem:

- relatório da análise visual da empresa ACME, assim como das Marcas X, Y e Z;
- resultados dos testes de conceitos da Fase 3;
- resultados dos testes de conceitos da Fase 4;
- sumários executivos dos testes realizados pelas agências externas em todo o mundo, com recomendações finais sobre o design;
- cópia completa da apresentação final para aprovação;
- cópias completas dos planos para implementação do projeto, escritos pelos vários setores da empresa, como foi descrito na Fase 7;
- análise do custo-benefício, preparada pelo setor financeiro da empresa;
- cópia do relatório sobre pesquisa das tendências;

- cópia da pesquisa de mercado para o novo produto e do público-alvo;
- questionários de avaliação e sumários executivos mensais;
- arquivos dos principais conceitos gerados pelo grupo de design; e
- análise dos concorrentes.

Nota: *Como já foi mencionado, o Apêndice é adicionado ao briefing completo, sendo composto dos materiais auxiliares para eventuais consultas futuras. Após implantar a rotina de elaborar os briefings, torna-se mais fácil e rápido elaborar os futuros briefings. Muitas vezes, certos apêndices de um projeto poderão ser muito úteis para outros projetos. Não é necessário reinventar a roda. Arquive sempre os seus briefings de design!*

CAPÍTULO 13

SUPERAÇÃO DE OBSTÁCULOS

Os designers costumam enfrentar muitos obstáculos no exercício de seu trabalho. Em primeiro lugar, porque devem propor soluções inovadoras, que não são facilmente aceitas, pois quase sempre sofrem resistências. Em segundo lugar, porque não conseguem obter os recursos e apoios necessários devido ao seu baixo prestígio dentro das empresas. Muitos designers e gerentes de design sentem-se desanimados diante desses obstáculos. Eles dizem que gostariam de ter um prestígio semelhante ao de outras funções da empresa.

Uma forma de superar esses obstáculos é prevê-los com antecedência e preparar-se para enfrentá-los. Os designers devem dedicar boa parte do seu tempo e esforço para listar esses prováveis obstáculos futuros e preparar-se antecipadamente para enfrentá-los quando surgirem.

DOIS TIPOS DE OBSTÁCULOS

Em geral, os obstáculos podem ser classificados em duas categorias: obstáculos pessoais, intrínsecos à própria pessoa; e obstáculos externos, representados pelo ambiente e pela empresa.

OBSTÁCULOS PESSOAIS

Os obstáculos pessoais são os relacionados com a personalidade, conhecimentos, experiências e comportamentos do próprio designer que inibem e bloqueiam o seu sucesso. A lista pode ser longa, mas inclui, principalmente:

- falta de conhecimentos/habilidades específicas para a profissão;
- falta de autoconfiança, ou seja, medo de fracassar;
- falta de contatos/colaborações para resolver problemas específicos;
- falta de oportunidades para se atualizar;
- falta de vontade e ambição, preguiça;
- baixa motivação para estudar e aperfeiçoar-se;
- pouca habilidade no uso de instrumentos adequados;
- timidez, medo das pessoas autoritárias;
- incapacidade de se expressar claramente;
- medo de assumir responsabilidades nas decisões;
- falta de paciência para aceitar opiniões divergentes;
- aversão aos riscos e situações de incerteza;
- demora nas decisões, pouco compromisso com os prazos;
- prioridades confusas.

Evidentemente, todas as pessoas têm as suas deficiências, medos e omissões. Contudo, o mais importante é reconhecer as suas próprias deficiências. Identificando-as, é possível elaborar uma estratégia para neutralizá-las ou superá-las. Aqueles que não fazem isso provavelmente ficarão apenas lamentando e reclamando eternamente da má sorte.

A superação desses obstáculos pessoais é difícil porque exige uma mudança de atitude, saindo do comportamento habitual e confortável. As pessoas em geral constroem uma "armadura" para defender-se, não expondo as suas fraquezas e não se colocando em situações em que elas sejam testadas.

Você se lembra daquele exercício que faço em meus seminários, pedindo para cada participante fazer uma lista da percepção de si mesmo e, em seguida, uma nova lista sobre a percepção que os outros fazem deles? É incrível como essas listas são diferentes. Os seres humanos tendem a ver a si mesmos com olhos diferentes dos outros. Então, é necessário meditar seriamente sobre os seus obstáculos pessoais e de como eles são vistos pelos outros. É necessário ser receptivo a essa percepção dos outros sobre nós, para que possamos adotar atitudes corretivas.

Certa vez, quando trabalhava na empresa Gillette como gerente de design, passei por uma experiência marcante. A empresa contratou um consultor de recursos humanos para melhorar o relacionamento dos gerentes com seus respectivos subordinados. Esse consultor passou um formulário para ser preenchido por todos os subordinados de cada gerente e também por outras pessoas externas ao departamento, mas que tivessem contato direto com o referido gerente. Esse formulário apresentava diversas perguntas sobre o gerente, sendo permitido redigir outros comentários. Quando os formulários foram completados, o consultor compilou-os e marcou reuniões com cada gerente, juntamente com os seus subordinados, para analisar os resultados.

As identidades das pessoas que responderam foram mantidas em sigilo. Nenhum comentário, assim como nenhum resultado das análises, foram levados ao conhecimento dos superiores de cada gerente, portanto, nenhuma informação foi usada como anotação na ficha pessoal. O exercício teve apenas o objetivo de proporcionar aos gerentes a percepção que seus subordinados faziam deles, assim como de outras pessoas, com as quais mantinham frequentes contatos. Ou seja, colocar esses gerentes diante de um "espelho". Os resultados foram muito reveladores.

No começo, estávamos todos meio amedrontados com o processo, mas o consultor mostrou grande profissionalismo e rapidamente dissipou o nosso medo. Descobri algumas coisas que meus subordinados pensavam sobre mim e que eu próprio jamais teria imaginado. Fiquei convencido de que alguns dos meus comportamentos e práticas poderiam ser melhorados. O consultor me deu sugestões muito úteis para que eu pudesse superar as minhas barreiras e obstáculos. O essencial era elaborar um plano de aperfeiçoamento pessoal.

Confesso que foi um dos mais edificantes acontecimentos em minha carreira. Fiz uma reflexão e reconsiderei algumas de minhas práticas do dia a dia. Fiquei conhecendo os pontos que poderia melhorar, a fim de ter um relacionamento mais positivo com meus subordinados e colegas. Isso me fez acreditar no benefício de um plano pessoal, que será detalhado no Capítulo 14.

Sugeri esse tipo de prática a muitos gerentes de design e vários responderam favoravelmente. Existe uma forma relativamente simples e barata de fazer isso. Você mesmo pode formular um conjunto de questões e distribuí-las aos seus subordinados e colegas e pedir que eles respondam anonimamente. Com isso você mesmo pode descobrir os seus obstáculos pessoais e, a partir disso, elaborar um plano para superá-los.

OBSTÁCULOS AMBIENTAIS

Os obstáculos ambientais são aqueles de natureza organizacional e técnica, sobre os quais você tem pouco controle, embora possam bloquear o seu sucesso. São criados por outras pessoas da empresa ou derivam da política e cultura organizacionais, e do ambiente externo. A lista pode ser longa, mas aqueles mais frequentes são:

- falta de tempo, prazos exíguos;
- orçamento insuficiente;
- faltas de equipamento, manutenção e equipamentos obsoletos;
- falta de pessoal qualificado;
- falta de apoio dos superiores;
- baixos salários ou injustiças salariais;
- outras pessoas que atrapalham;
- decisões demoradas, excesso de burocracia;
- pressão ou desvantagem competitiva;
- condições físicas inadequadas, calor, ruídos, espaço insuficiente.

Esses obstáculos ambientais, combinados com os obstáculos pessoais, podem produzir aborrecimentos e desanimar até os mais otimistas. Para que isso não aconteça, é preciso reconhecer a situação e atuar positivamente para superá-la.

LIDANDO COM OS OBSTÁCULOS

A melhor maneira de lidar com os obstáculos, pessoais ou ambientais, é enfrentá-los frente a frente. Faça uma lista de todas as barreiras pessoais ao seu sucesso. Descreva detalhadamente os obstáculos pessoais, e depois descreva os obstáculos ambientais.

Para cada um deles, faça as seguintes perguntas: esse obstáculo é realmente sério? Esse obstáculo pode ser eliminado? Como? Esse obstáculo pode ser reduzido ou neutralizado? Como? O que acontecerá se o obstáculo permanecer? Quais são as pessoas, recursos materiais, tempo e outros entraves envolvidos nesse obstáculo? Posso mudar meu plano para contornar o obstáculo? Como? Quanto tempo e esforço devo gastar para superar o obstáculo? Que ajuda posso pedir aos outros? Como posso conseguir essa ajuda? Quanto tempo vai durar esse obstáculo?

Listando os seus obstáculos e fazendo a si mesmo essas perguntas, você saberá, no mínimo, onde se situam os entraves. Além disso, você saberá exatamente quais são esses entraves. Isso certamente será melhor que ficar reclamando da má sorte.

Existe apenas um reduzido número de alternativas possíveis. Você poderá eliminar o obstáculo, neutralizá-lo, contorná-lo ou conviver com ele. Em muitos casos, você precisa simplesmente aprender a conviver com ele.

Por exemplo, eu trabalhei em uma empresa que sofreu um incêndio devastador. Quase todas as instalações da sua sede foram dizimadas pelo fogo. Os empregados foram instalados em vários escritórios espalhados pela cidade enquanto a sede era reconstruída. O grupo de design perdeu todos os equipamentos e arquivos. Os projetos que estavam em desenvolvimento precisaram ser reiniciados a partir do zero. Os gerentes disseram que os prazos não poderiam ser prorrogados, o que certamente foi um obstáculo técnico com o qual o grupo de design teve de conviver durante algum tempo. Diante do problema, realmente restava pouco a fazer, senão enfrentá-lo e trabalhar arduamente, dia e noite, até que o prejuízo fosse recuperado.

Poucas pessoas do grupo de design pressionaram para obter dilatação dos prazos dos projetos. O gerente de design percebeu que isso não seria bem recebido pela empresa. Todas as pessoas na empresa enfrentavam problemas semelhantes e se esforçavam para recuperar o tempo perdido. Diante disso, parecia pouco razoável reivindicar um tratamento especial só para o grupo de design, atitude que poderia ser vista como falta de solidariedade aos demais colegas da empresa. Resolveu-se, então, enfrentar o desafio, trabalhando-se arduamente durante quase um ano. Esse é um exemplo de uma situação com a qual o grupo de design simplesmente precisou conviver.

Lembro-me de outra situação em que o grupo de design não tinha espaço físico suficiente para realizar seus trabalhos. Repetidos pedidos do gerente de design por mais espaço foram negados. O custo por metro quadrado era proibitivo. Pelo menos essa era a alegação do setor financeiro. O gerente de design mudou de tática e passou a usar a mesma "arma" do setor financeiro. Ele preparou um relatório mostrando que o aumento das vendas e participação no mercado estavam diretamente relacionados com as atividades de design. Em outras palavras, que o investimento para melhorar as condições de trabalho do grupo de design poderia significar maiores lucros para a empresa. Ele foi imediatamente atendido.

Algumas empresas oferecem oportunidades que ajudam a superar os obstáculos pessoais. Há departamentos de recursos humanos que organizam programas de atualização profissional, visando aperfeiçoar os conhecimentos e habilidades dos seus empregados. Isso torna-se necessário, sobretudo devido aos rápidos avanços tecnológicos. Vi muitos grupos de design que conseguiram melhorar a execução e apresentação de seus projetos pela adoção de novos programas informatizados. Para aqueles que ocupam cargos gerenciais, há ferramentas semelhantes que ajudam a melhorar a supervisão e acompanhamento dos projetos.

O que importa é identificar e listar todos os obstáculos, sejam eles reais, fictícios ou potenciais. Depois, parte-se para a análise e elaboração de um plano para lidar com cada um deles. Nada vai melhorar sem que você tome uma atitude positiva para superar esses obstáculos.

CAPÍTULO 14

CRIANDO UM PLANO
PARA AVANÇAR

Um designer nunca deve adotar uma atitude passiva diante do *status quo*. Ele deve trabalhar arduamente para elevar o conceito do design dentro da empresa, transformando-o em uma atividade importante e participativa nas decisões estratégicas. Contudo, não basta apenas pensar e almejar essa situação, é preciso trabalhar ativamente para alcançá-la. Para isso, deve-se desenvolver um plano de ação para transformar design em atividade estratégica.

Às vezes, é necessário elaborar dois planos. Um deles para o seu aperfeiçoamento pessoal e outro, para o grupo. Em ambos os casos, aplicam-se as mesmas técnicas. Pegue o seu *notebook* e comece a digitar.

FAÇA UM INVENTÁRIO

A primeira providência é fazer uma lista de suas contribuições reais, ou seja, o valor que você adicionou à empresa. Considere as suas contribuições pessoais e as do seu grupo de design. Escreva a sua declaração de valor no *notebook*. Para fazer isso, revise o Capítulo 7 e os comentários dos gerentes de design do Capítulo 9.

No Capítulo 7, apresentei várias técnicas para aplicação inicial. Agora, para escrever o plano, pode-se acrescentar mais alguns itens. Faça uma lista dos seus sucessos e fracassos – tanto pessoais como do grupo de design. Seja honesto consigo mesmo ao fazer isso. Criando-se o hábito de escrever e revisar os acertos e erros do passado, aumenta-se a sensibilidade para os pontos críticos. Os esforços para melhorar o seu estilo gerencial e as práticas de trabalho do grupo devem ser concentrados nesses pontos.

O conteúdo daquilo que se escreve deve ser significativo, relacionando-se sempre com os negócios da empresa. Não basta dizer: "Nunca passamos do prazo". Isso não deixa de ser uma obrigação, pois os gerentes devem manter as suas atividades dentro dos prazos e orçamentos estabelecidos. É preciso relatar os resultados que contribuíram para que a empresa pudesse alcançar seus objetivos estratégicos nos negócios. De preferência, devem ser mencionados fatos mensuráveis, expressos em resultados quantitativos, como o aumento das vendas ou da lucratividade.

Os erros e fracassos também devem ser reconhecidos. Se alguma coisa saiu errada, por que isso aconteceu? O que poderia ter evitado isso? Por que isso não foi feito? O que faltou? Muitas vezes, essas análises dos erros e fracassos são mais instrutivas que aquelas do acerto.

Alguns anos atrás, participei da Conferência Europeia do DMI, em Amsterdã. Entre as muitas apresentações, lembro-me de uma feita por um oficial das Forças Armadas dos Estados Unidos. Ele era um especialista em treinamento militar e descreveu uma ação que poderia ser muito útil aos grupos de design. Disse que, ao término de um exercício, como a manobra em um combate simulado, todos os participantes deveriam participar de uma reunião de avaliação. Ele explicou que essa atividade deveria ocorrer imediatamente após o exercício, para que todos pudessem lembrar os detalhes, discutindo-se o que deu certo e o que deu errado. Depois, as razões disso. Quais foram os aspectos da manobra que contribuíram para o seu sucesso? O que se pode fazer de diferente para aumentar esse sucesso? Quais foram as ocorrências não previstas? Como se reagiu a essas ocorrências? Houve muitos estragos? Por quê? Como se prevenir contra essas emergências?

Creio que esse tipo de avaliação pode ser muito útil para os grupos de design. Imediatamente após terminar um projeto, a equipe poderia ser reunida para uma avaliação em grupo, incluindo os outros participantes que contribuíram na elaboração do respectivo briefing do projeto. Faça anotações e use essas informações para melhorar seu plano de ação. Esteja atento para os pontos que não funcionaram bem e que merecem alguma ação corretiva. Isso é importante para se corrigir essas deficiências no projeto seguinte.

Fazendo esse tipo de avaliação, você poderá identificar claramente os pontos problemáticos, onde deverão ser concentrados os esforços corretivos. Terá também uma visão dos acertos e dos pontos fortes, que poderão ser listados a favor de seu grupo, como valor adicionado às operações da empresa.

APLIQUE A FÓRMULA PAR

A fórmula PAR existe há muito tempo e a tenho usado por mais de vinte anos para aperfeiçoar o planejamento. Nessa fórmula, *P* significa o *Problema* que você deve solucionar exigindo uma ação de sua parte. O *A* representa a *Ação* necessária para resolver o problema. O *R* representa os *Resultados* obtidos pela ação.

Faça uma revisão dos trabalhos que você já realizou como designer. Certamente encontrará alguns exemplos que podem ser citados com orgulho. Liste os resultados que você alcançou aplicando as suas habilidades para executar uma ação positiva e resolver problemas. A seguir, cito alguns exemplos dessas ações possíveis, apenas como ajuda para você preparar a sua própria lista.

- Você desenvolveu um fluxograma que facilitou o acompanhamento do projeto.
- Você encontrou um meio para abreviar o prazo para o término do projeto.
- Você deparou-se com um sério problema e tomou medidas para corrigi-lo.
- Você identificou uma oportunidade e sugeriu um novo produto.
- Você identificou uma ameaça de um produto competitivo do concorrente.
- Você conseguiu matricular o pessoal do seu grupo em curso de atualização.
- Você produziu soluções de design que aumentaram as vendas e lucros.
- Você idealizou conceitos considerados muito inovadores e competitivos.

Escrevendo essas coisas no seu *notebook,* você será capaz de identificar as ações realizadas no passado com sucesso. O mesmo pode ser adotado para analisar os casos de fracassos. Isso é semelhante àquela avaliação dos exercícios militares. Que tipo de problema surgiu? Como você atuou para resolvê-lo? Quais foram os resultados conseguidos? Se você listar honestamente todas essas coisas e fizer uma análise detalhada delas, conseguirá identificar os assuntos nos quais devem ser concentrados os esforços para melhorias.

Tire vantagem dos seus pontos fortes e liste os pontos fracos que merecem aperfeiçoamentos. Descreva as ações necessárias para corrigir ou eliminar cada ponto fraco e marque uma data-limite no calendário para que isso aconteça, mas fixe datas realísticas para que essas ações possam ser realmente executadas. Se não fizer isso, muitas dessas ações poderão ficar apenas no plano das intenções: "Eu realmente tenho de fazer isso algum dia" e esse dia nunca chegará. Da mesma forma, agende as reuniões importantes, marcando suas datas e os horários com certa antecedência.

Confesso que um dos meus obstáculos pessoais é a tendência em adiar as coisas. É fácil dizer para mim mesmo "Vou providenciar isso na próxima semana". Ao chegar a próxima semana, arranjo outra desculpa e assim vou empurrando para frente. Para pessoas como eu, nunca se deve dizer coisas como: "Vou precisar disso algum dia no próximo semestre". Em vez disso, deve-se fixar datas do calendário para o término de cada ação. Tendo a informação sobre a data fatal, tento planejar todas as etapas intermediárias para que tudo chegue pronto até aquela data.

O PLANO PRECISA SER MAIS ESPECÍFICO

Vamos nos referir novamente ao modelo apresentado na Figura 1 do Capítulo 7. Pegue o organograma da empresa e pense sobre as possíveis contribuições do design para melhorar cada uma das funções da empresa. Marque uma reunião com os responsáveis de cada uma dessas funções, para conversar sobre design. Fixe uma data e horário para o encontro e seja pontual. Planeje com antecedência tudo aquilo que você pode oferecer e escreva tudo isso em seu *notebook.*

Fale sempre sobre as necessidades deles e dos benefícios à empresa ao aplicar o design. Lembre-se do que disse John Tyson (ver Capítulo 7) em uma reunião: "Estou aqui para investir em seu futuro". Nunca, jamais, vá para uma reunião desse tipo para falar dos seus problemas. Eles dificilmente estarão interessados nos seus problemas.

Procedendo assim, você poderá fazer uma lista das necessidades de design em cada função da empresa e, além desse mapeamento dos possíveis projetos, você poderá construir uma rede de contatos dentro da empresa. Esse é o resultado mais valioso desse processo, podendo ser muito útil para todos. Muitas vezes, esses contatos não produzem resultados imediatos. Contudo, quando qualquer um deles tiver um problema que possa ser resolvido com a colaboração do design, certamente vai se lembrar de você.

ENCONTRANDO A PESSOA CERTA

É muito importante construir uma rede de contatos dentro da empresa, a fim de aumentar a sua visibilidade, credibilidade e confiança. Mas, como se deve fazer para encontrar as pessoas certas e ter uma conversa produtiva com elas? Apresento, a seguir, algumas sugestões como ponto de partida.

- Use o organograma para listar as funções e ocupantes dos cargos.
- Verifique se existe algum responsável pelo design em cada uma das funções.
- Verifique se já houve alguma experiência anterior deles com o design, quem fez, se os resultados foram positivos ou negativos, e o por quê.
- Pense sobre os trabalhos de design que poderiam ser úteis para eles, tanto a curto como a longo prazo.
- Organize exemplos de projetos e estudos de casos semelhantes.
- Descubra quem são seus mentores, aliados, amigos e desafetos.
- Finalmente, elabore um plano para a reunião.

Antes de sua primeira reunião com essas pessoas, prepare uma lista de perguntas que demonstrem tanto o seu conhecimento geral sobre a empresa como a função específica em cada caso. Faça muitas perguntas. Não procure "vender" o design, supondo que ele possa ser aplicado em algum trabalho. Ao contrário, foque em como você pode fazer uma parceria efetiva com seus colegas e contribuir para o sucesso com esse novo contato. Na primeira reunião, pode-se descobrir algumas aplicações possíveis do design. Marque uma outra reunião para apresentar algumas ideias dessas aplicações. Pode-se também convidá-lo para visitar o seu setor e apresentar-lhe projetos semelhantes já desenvolvidos. Agende sempre a data e o horário para o retorno, assim como o respectivo assunto a ser tratado. Não se deve dizer vagamente: "Vou dar um retorno". Em vez disso, seja mais enfático: "Então vou reencontrá-lo em (data, hora e local) para apresentar alguns esboços do novo catálogo". É também uma boa ideia dar continuidade a essa reunião com envio de uma ata, *aide-mémoire*, relatório ou algum outro tipo de documento escrito por *e-mail*. Acima de tudo, o novo contato deve ser cultivado para fortalecer-se.

OBSTÁCULOS AO PLANEJAMENTO

Trabalhe com a lista dos obstáculos criada anteriormente (ver Capítulo 12). Planeje as ações necessárias para superá-los da melhor forma possível, fixando uma data-limite para cada um deles. Envolva todo o grupo de design na formulação dessas ações, pois isso deve ser um esforço coletivo.

FORMATAÇÃO DO PLANO DE AÇÃO

Há muitos formatos possíveis para planos de ação, mas você deve escolher aquele que melhor lhe convém. O importante é listar todas as metas que se quer atingir. Cada meta deve ser desdobrada em ações específicas, com as respectivas datas para término. Para cada uma delas, defina os critérios de acompanhamento. Por exemplo, para a ação de "Entrevistar o público-alvo" o critério deve ser a quantidade de entrevistas realizadas até certa data-limite. Entre metas mais importantes de um grupo de design incluem-se as seguintes:

- difundir as potencialidades do design nos vários setores da empresa;

- construir uma rede de alianças com os principais setores da empresa;
- mudar a imagem do design, livrando-o da denominação de "serviços artísticos";
- conseguir a valorização do design pela empresa;
- transformar design em parceiro estratégico dos negócios da empresa.

Conheci vários grupos de design que elaboraram planos para "alavancar" essa função dentro das empresas. Contudo, acabaram abandonando-os quando os trabalhos apertavam, o que demonstra que colocavam o trabalho de planejamento em segunda prioridade. Isso não deveria ter sido feito. A elaboração e implementação de um plano de ação devem ser consideradas como uma das atividades mais importantes do grupo, pois são a única forma de atingir as metas da função design de forma ordenada e coerente.

O gerente de design deve assumir a responsabilidade pela coordenação do processo. No início de minha carreira, quando gerenciei um pequeno grupo de design, pensei que poderia acumular as funções de gestão com a de projeto. Com o tempo, descobri que as atividades gerenciais consomem muito tempo e sobra pouco tempo para trabalhar nos projetos. Assim, tive de decidir entre uma coisa e outra. Naturalmente, dei prioridade às funções gerenciais, inclusive porque outras pessoas do grupo podiam realizar aquelas de projeto, mas eu era o único responsável pela gestão. Foi uma decisão difícil.

Todos os gerentes de design bem-sucedidos me contam coisas semelhantes. Um gerente de design deve dedicar-se principalmente à coordenação dos trabalhos e ao contato com os outros. Isso significa que não sobrará tempo para fazer os próprios projetos. Contudo, para um gerente, o mais importante é cuidar dos assuntos gerenciais em tempo integral. Só assim se consegue transformar o design em um centro de excelência, em parceiro valioso e em elemento estratégico para o sucesso global da empresa. Esse é o principal compromisso de um gerente bem-sucedido.

CAPÍTULO 15

LIÇÕES QUE APRENDI
AO LONGO DA VIDA

Para finalizar esta obra, gostaria de oferecer algumas reflexões baseadas nas minhas experiências, vivenciadas durante muitos anos como projetista, gerente de design, consultor e conferencista do DMI.

Como já mencionei no início, o curso de graduação em design que frequentei na Universidade de Connecticut e na Universidade da Califórnia (UCLA) me deu a base para começar na carreira. Contudo, aprendi muito pouco sobre o funcionamento das grandes empresas que operam no mercado mundial.

Após a graduação, passei cinco anos ensinando design em uma pequena instituição particular. Gostei muito dessa curta experiência, pois para ensinar, tive de estudar mais e aprofundar os conhecimentos sobre algumas matérias que tinha aprendido durante a minha graduação. Também tive a oportunidade de viajar durante as férias de verão. Gastei grande parte desse tempo na Europa, visitando museus, escolas europeias de design e conversando com alguns designers europeus. No final das contas, esses cinco anos como professor foram muito proveitosos.

Após essa experiência didática, comecei a acreditar que tinha chegado o momento de entrar no mundo empresarial e praticar o design de fato. No início tomei um enorme choque: aquilo que eu tinha a oferecer como profissional tinha pouquíssimo valor para os outros gerentes não designers da empresa. Em pouco tempo comecei a reclamar do orçamento insuficiente, do prazo apertado, do trabalho pouco significativo e da falta de consideração dos colegas de outros setores. Não vivia no mais feliz dos mundos.

Primeira lição – *Alargue a visão sobre o mundo dos negócios*. Felizmente, encontrei algumas pessoas de "visão", que me orientaram ao longo da minha carreira. Essas pessoas me disseram que eu precisava aprender mais sobre o funcionamento das empresas. Fui enviado para participar de um programa de desenvolvimento de executivos na Universidade de Michigan. Esse programa tinha duração de um ano e transformou a minha vida.

Earl Powell, no artigo sobre gerência de design (ver Capítulo 9), descreve como sempre lutou para conseguir recursos para enviar o seu pessoal aos vários programas de desenvolvimentos profissionais. Ele sabia que os conhecimentos aprendidos em cursos de graduação eram insuficientes. Quem atua no mundo empresarial precisa aprender a liderar, gerenciar, negociar e compreender o mundo dos negócios, e isso não se aprende nos cursos de design.

Aquilo que se chama de "desenvolvimento profissional" pode adquirir diversas conotações, dependendo do seu cargo. Para muitos executivos e gerentes, isso significa matricular-se em um curso de MBA de uma boa instituição. Para outros, pode ser mais importante participar de um programa de desenvolvimento de executivos, como o que fiz na Universidade de Michigan. Existem programas equivalentes em muitas universidades, no mundo todo, com denominações semelhantes.

Há cursos de especialização universitária, com duração aproximada de um ano, divididos em módulos semanais. Alguns desses cursos são caros e exigem dedicação integral. Isso pode significar muito sacrifício do seu emprego e de seus familiares.

Contudo, existem inúmeras outras opções de duração menor. Os mais populares são os seminários de um ou dois dias. Em todos esses casos, o mais importante é escolher aqueles que preencham as suas necessidades para tornar-se um bom gerente.

Muitas vezes, a própria empresa organiza programas internos de treinamento para os seus empregados. O aproveitamento dessas oportunidades pode ser incluído no seu plano de aperfeiçoamento pessoal. Esse plano, como já expliquei, deve descrever as áreas em que se pretende melhorar, dirigindo-o para algum objetivo pessoal claramente definido. Assim, uma importante lição que aprendi foi a de buscar e aproveitar sempre as oportunidades de desenvolvimento profissional, sejam elas internas ou externas à empresa.

SEMINÁRIOS DO DMI

Infelizmente, há pouca oferta de oportunidades para o desenvolvimento profissional dos designers. Os vários seminários oferecidos pelo DMI são uma exceção. Quando fui convidado para apresentar seminários pelo DMI, aceitei com prazer para ajudar a preencher essa lacuna.

O primeiro seminário, intitulado *Gerenciando o departamento de design na empresa*, teve o objetivo de capacitar os gerentes de design. Pretendia-se qualificar esses gerentes para que adquirissem uma visão estratégica das organizações, deixando de ser meros prestadores de serviços dentro de suas instituições. Depois organizei outro seminário, *Transformando* design *interno com competência estratégica*. Os participantes eram gerentes que ocupavam cargos em design gráfico, design de embalagens ou design de produtos. Cada seminário era moldado especialmente para atender às necessidades de grupos específicos. Os resultados foram impressionantes para mim. Os ocupantes internos de cargos gerenciais em design puderam reinventar-se e adquirir mais respeito dentro das empresas.

Gastei cerca de seis meses pesquisando para preparar o seminário, e contei com o envolvimento de muita gente. Consultei especialistas em organização de cursos, psicólogos industriais, gerentes de design experientes e gerentes não designers de várias empresas. Esse processo foi muito instrutivo para mim, principalmente pelos comentários dos gerentes não designers.

Descobri duas coisas importantes. Em primeiro lugar, os designers profissionais tinham pouco treinamento formal em negócios, e não conseguiam comunicar o valor do design para alavancar esses negócios. Em geral, os designers e os gerentes de design não conseguem comunicar claramente a importância do design como um fator estratégico nos negócios. Em segundo, a atividade de design era pouco conhecida e pouco valorizada pelos gerentes não designers. A exceção fica por conta dos gerentes de design bem-sucedidos na indústria, que sabiam expressar-se claramente sobre o valor do design e conheciam o papel do design nos negócios. Essas descobertas foram usadas para formular o conteúdo dos meus seminários e me ajudaram também a consolidar uma crença sobre o futuro da profissão de design.

Segunda lição – *Aprenda a se comunicar em linguagem dos negócios*. É absolutamente necessário que os designers e os gerentes de design aprendam a se comunicar na linguagem dos negócios. Assim, sugiro que você se empenhe ao máximo para melhorar as habilidades de comunicar-se usando essa linguagem. Mais que isso, mudar a percepção do design em toda a empresa. Para isso, é útil usar o processo de elaboração do briefing como instrumento para mostrar o valor estratégico do design, envolvendo os profissionais *não* designers da empresa.

Também consegui vislumbrar a utilidade do briefing de design como instrumento para a execução e acompanhamento dos projetos de design. O processo de elaboração do briefing, conforme apresentado neste livro, fornece oportunidades para convencer os gerentes não designers sobre o papel do design como fator estratégico, podendo contribuir decisivamente para o sucesso ou fracasso dos negócios.

USANDO O MODELO COMO ROTEIRO PARA AS MUDANÇAS

A pesquisa acima referida também me ajudou a formular o modelo para a criação do valor, apresentado no Capítulo 7 (ver Figura 1). Tenho difundido esse modelo há mais de uma década. A maioria das pessoas que adotou esse modelo relata que houve uma mudança drástica da percepção sobre o valor do design. Contudo, a receita não é milagrosa. As mudanças significativas exigem muita dedicação e certo tempo de maturação. Se não houver esse investimento em esforço e tempo, nada acontecerá e você continuará sendo um prestador de serviços, desprezado e desvalorizado.

Sugiro que você discuta os diversos elementos do modelo, um a um, com a sua equipe. Basta reservar vinte minutos por semana para essas discussões. Chame todas as pessoas do grupo para as discussões.

Terceira lição – *Elabore um plano de ação e implemente-o*. Faça o inventário sugerido no Capítulo 14, listando seus erros e fracassos e também as contribuições que você deu para melhorar os negócios da empresa. A seguir, desenvolva um plano de ação para o grupo, visando transformá-lo em ator relevante para as estratégias da empresa.

Quarta lição – *Envolva sempre todo o grupo de design na elaboração e execução do plano*. Desenvolva um sistema eficiente de comunicação com o seu grupo. Além das reuniões rotineiras e diárias de trabalho, pode-se manter uma reunião semanal com todo o grupo, para assuntos de planejamento, acompanhamento e avaliação. Nunca trabalhe isoladamente.

Muitos de nós ficamos rodando em falso, durante anos, procurando extrair algum sentido de uma situação confusa. Isso reflete, muitas vezes, falta de objetivo ou falta de clareza na comunicação desse objetivo. Chegou a hora de parar com isso e avançar para uma direção determinada. Adote o processo de elaboração do briefing como um guia para essa mudança, de forma rápida e eficiente.

RESUMO DAS RECOMENDAÇÕES

Finalmente, faço um resumo das recomendações baseadas na minha experiência ao longo dos anos. Muitos deles já foram explicados mais detalhadamente em outras partes deste livro.

- *Mude o patamar do design*. Deixe de ser apenas prestador de serviços artísticos para "embelezar" os produtos ao final dos projetos, passando a atuar de modo mais estratégico, transformando design em fator competitivo para alavancar os negócios da empresa.
- *Pense estrategicamente*. Tenha uma visão ampla sobre as consequências e alcances do seu trabalho. Tenha iniciativa, seja proativo, apresente ideias, antecipando-se às demandas. Não espere pelas ordens ou pedidos dos outros.
- *Faça um planejamento estratégico*. Trabalhe com o grupo de design para formular a missão e os objetivos do design, conforme a política da empresa e de modo que isso fique bem claro para todos.

- *Aprenda a comunicar o valor do design.* Difunda o valor do design em todos os setores da empresa e consiga aliados, principalmente na área de *marketing*. Prepare apresentações para inaugurações e lançamentos de novos produtos. Colecione estudos de casos de sucesso. Aceite novos desafios.
- *Jamais esqueça do público-alvo.* Consulte sempre o público-alvo para definir as características do projeto e avaliar os resultados. Perder contato com o mesmo poderá ser desastroso, pois ele será sempre o "juiz" final dos seus trabalhos.
- *Difunda as informações.* Saia do escritório e ande pelas instalações da empresa. Envie artigos de design para as pessoas-chave da empresa. Escreva artigos para os noticiários da empresa, mostrando aplicações do design. Pense em produzir um noticiário trimestral sobre design para os empregados da empresa. Não enfatize belezas ou extravagâncias, mas resultados e benefícios proporcionados pelos bons projetos.
- *Consiga apoio dos superiores.* Mantenha o presidente, diretores e outras pessoas-chave da empresa sempre informados sobre os projetos em andamento e outras atividades desenvolvidas. Faça visitas e convide-os para conhecer o escritório de design.
- *Transforme resistências em aliados.* Mantenha um bom relacionamento com os outros gerentes não designers, interessando-se pelos seus problemas e procurando apoiá-los. Assim, eles se tornarão parceiros e participantes na solução dos problemas.
- *Seja participativo.* Leia os noticiários da empresa para inteirar-se das suas operações. Frequente as feiras e exposições. Acompanhe os vendedores para ter contato com os consumidores. Participe de reuniões dos vendedores, para ouvir o que dizem sobre o mercado. Visite todos os grupos funcionais da empresa e entenda como desenvolvem as suas atividades. Procure inserir o design em cada uma das funções da empresa. Torne-se um aliado, um consultor de design para todos os negócios da empresa.
- *Invista todo o tempo necessário para alcançar os seus objetivos.* Complete cada trabalho da melhor maneira possível, organizando todos os

arquivos e registros. Isso será muito útil a longo prazo, podendo economizar tempo e esforço no futuro.

- *Envolva os outros no trabalho de design.* Procure informações em outros setores da empresa, pois o design é interdisciplinar. Envolva-os nas formulações e avaliações dos problemas, transformando-os em corresponsáveis pelos resultados. Contudo, isso não significa organizar comitês de design.
- *Envolva sua equipe em todas as discussões.* Ao envolver as pessoas nas discussões e tomada de decisões, elas se sentirão mais responsáveis e motivadas. Além disso, os trabalhos fluirão com maior rapidez, pela troca de informações entre os membros da equipe.
- *Persiga as oportunidades de atualização profissional.* Esteja sempre atento para as oportunidades de realizar cursos de atualização para todos os membros do seu grupo.
- *Construa uma rede com outros designers externos.* Compareça aos eventos da área, a fim de conhecer e trocar experiências com os seus pares de outros lugares. Mantenha contato com eles para permutar ideias e experiências. Esse relacionamento pode ser muito enriquecedor para todos.
- *Tome cuidado com o uso das palavras.* Você não é um mero prestador de "serviços". Em vez de trabalhar "para" procure trabalhar "com" outros parceiros. Você não tem "clientes" ou "usuários", mas "parceiros" para atuar conjuntamente na melhoria dos negócios da empresa. Use a linguagem dos negócios e não os jargões profissionais de design.
- *Tenha o seu próprio orçamento.* Consiga um orçamento próprio para o grupo. Assim, não será necessário fazer negociações e transações financeiras caso a caso com os outros setores demandantes, tornando os entendimentos mais fáceis.

Concluindo, a coisa mais importante é aprender a pensar e se comunicar de maneira eficiente. Essa é a principal lição que os designers deveriam aprender. Os designers devem ter a capacidade de apresentar as vantagens e benefícios do design de maneira simples, sem usar uma linguagem técnica ou rebuscada. Para isso, eles precisam compreender profundamente os objetivos dos negócios e o papel que o design pode desempenhar nesse contexto. O designer deve atuar de maneira proativa, buscando parceiros e aliados em todos os setores da empresa.

Finalmente, o designer precisa se tornar um verdadeiro parceiro estratégico nos negócios, trabalhando com as pessoas e não apenas para as pessoas.

APÊNDICE

SOBRE O AUTOR

Peter L. Phillips é graduado em Belas Artes pela Universidade da Califórnia (UCLA), Los Angeles, e bacharel em Belas Artes pela Universidade de Connecticut. Realizou estudos de pós-graduação nas universidades de Colorado e de Michigan. Obteve título de PhD em Belas Artes pela UCLA.

Tornou-se especialista internacionalmente reconhecido no desenvolvimento de programas e estratégias de desenvolvimento de design. Tem mais de trinta anos de experiência como gerente de design em empresa multinacional, é consultor, professor e autor de livros e artigos. Em todas essas atividades, sempre colocou o design como disciplina para resolver problemas, deixando de ser simples prestador de serviços estéticos.

Ocupou os cargos de Diretor de Design na empresa Gillette e de Diretor de Design e Identidade Corporativa da Digital Equipment. Nessas empresas, foi responsável pelo desenvolvimento de atividades estratégicas de design. Prestou consultorias a diversas outras empresas, como a Westinghouse Broadcasting e Stanmar Inc. Fundou e presidiu seu próprio escritório de design. Como consultor, desenvolveu muitos programas estratégicos de design para grandes empresas. Também realizou estudos para a reestruturação dos grupos internos de design de várias empresas.

Colabora com o Design Management Institute (DMI), pelo qual apresenta seminários para profissionais de design em diversos países, abordando temas como: a criação de um briefing perfeito de design; programas estratégicos e globais de design; gerenciamento de grupos internos de design; e valorização do design estratégico na empresa.

Escreveu estudos de casos sobre identidade corporativa para o DMI e Harvard Business School. É autor do capítulo *Principles of managing the corporate design department* do livro *Professional practices in graphic design* (Allworth Press, 2008). Contribuiu também nos livros *Careers by design* (Roz Goldbarb: Allworth Press, 2001), *Revealing the corporation* (John M. T. Balmer e Stephen A. Greyser: Taylor & Francis, 2003), e *UX best practices, processes, and techniques* (Helmut Degen e Xiaowei Yuan: McGraw-Hill, 2011). Escreveu numerosos artigos publicados nos periódicos *Design Management Journal, Graphis* e *New Design*. Produziu um vídeo sobre os valores do design para o The British Design Council (www.designcouncil.org.uk/briefing).

Recebeu muitas homenagens e prêmios, incluindo o troféu de ouro da prestigiosa *Financial World*.

DESIGN MANAGEMENT INSTITUTE

O Design Management Institute (DMI) foi fundado em 1975 e tornou-se, hoje, uma das maiores referências mundiais em gestão do design. É uma organização não lucrativa, que tem o objetivo de promover o design como parte essencial da estratégia de negócios. O DMI ganhou reputação mundial apresentando e difundindo conhecimentos na área através de diversos instrumentos, como cursos, conferências, seminários, publicações e programas para associados.

As atividades do DMI são práticas e dinâmicas, acompanhando a evolução tecnológica e dos negócios, visando sempre a excelência em gestão do design. Essas atividades se destinam aos profissionais envolvidos nas atividades de design, seja em empresas, universidades, órgãos públicos ou em consultorias. Enfim, a todos os interessados em melhorar os conhecimentos, agregar valor às suas instituições e difundir o design.

O DMI tem apresentado diversos tipos de eventos sobre design e *branding* nos Estados Unidos, Canadá e países da Europa e Ásia. O programa de qualificação profissional do DMI cresceu rapidamente, oferecendo sete diferentes seminários e liderando os cursos sobre gestão do design. Os programas para associados oferecem diversos níveis de participação, desde atividades individuais até institucionais. Incluem-se, entre os membros do DMI, desde profissionais e consultores independentes até representantes das grandes corporações internacionais.

As publicações abrangem a famosa revista *Design Management Journal*, publicada trimestralmente; o informativo bimestral *DMI News & Views*, distribuído para mais de 15 mil leitores; o noticiário eletrônico *eBulletin*, enviado a 12 mil pessoas, e uma coleção de estudos de casos distribuída pela Harvard Business School Press. O *site www.dmi.org* apresenta muitas informações de interesse para os profissionais e *links* para diversas pesquisas e comércio eletrônico, como também para consultores e associações da área.

Essa vasta gama de atividades e publicações proporciona valiosa ajuda para a atualização profissional, fornecendo informações recentes sobre os progressos e tendências da área. Além disso, permite que os profissionais de diversos países se interconectem para troca de informações e ideias.

O DMI é presidido por Earl N. Powell e assessorado por diretores de diferentes formações, representando várias áreas do conhecimento, todos membros de organizações que figuram entre as quinhentas maiores da *Fortune*. Além disso, o DMI conta também com a colaboração de um conselho internacional, composto pelos principais líderes mundiais em gestão do design.

BIBLIOGRAFIA SELECIONADA

LIVROS

American Institute of Graphic Arts. *AIGA Professional Practices in Graphic Design*, editado por Tad Crawford. New York: Allworth Press, 1998.

Balmer, John M.T. e Stephen A. Greyser. *Revealing the Corporation*. London: Routledge, 2003.

Borja de Mozota, Brigitte. *Design Management: Using Design to Build Brand Value and Corporate Innovation*. New York: Allworth Press, 2004.

Chajet, Clive. *Image by Design from Corporate Vision to Business Reality*. New York: McGraw-Hill, 1997.

Cohen, Alan R. e David L Bradford. *Influence Without Authority*. New York: John Wiley & Sons, 1990.

Dreyfuss, Henry S. *Designing for People*. New York: Allworth Press, 2003.

Goldbard, Roz. *Careers by Design*. New York: Allworth Press, 2001.

Gorman, Carma. *The Industrial Design Reader*. New York: Allworth Press, 2003.

Harrison, Allen F. e Robert M. Bramson, *The Art of Thinking*. New York: Berkley Books, 1982.

Heller, Steven, e Véronique Vienne, ed. *Citizen Designer*. New York: Allworth Press, 2003.

Koch, H. William, Jr. *Executive Success: How to Achieve It – How to Hold It*. New Jersey: Prentice-Hall, 1976.

Marsteller, William A. *Creative Management*. Chicago: Crain Books, 1981.

PERIÓDICOS

The Design Management Journal. Boston: Design Management Institute Press. Publicação trimestral.

Graphic Design: USA. New York: Kaye Publishing. Publicação mensal.

Graphis. New York e Zurich: B. Martin Pedersen. Publicação bimestral.

How. Cincinnati, Ohio: F&W Publications. Publicação bimestral.

NOTAS

CAPÍTULO 1

[1] Kim Zarney, The Core Creative Concept in Branding: A Streamlined Approach. *Design Management Journal.* Outono 2002: 38.

CAPÍTULO 7

[1] Artemis March, Paradoxical Leadership: A Journey with John Tyson. *Design Management Journal.* Outono 1994: 17.

CAPÍTULO 9

[1] Earl N. Powell. Developing a Framework for Design Management. *Design Management Journal.* Verão 1998.

[2] Kenneth R. Andrews. *The Concept of Corporate Strategy.* Homewood: Richard D. Irwin, 1987.

[3] James Adams. *Conceptual Blockbusting.* New York: W. M. Norton & Company, Inc., 1979.

[4] Jay Conger. *Winning 'Em Over: A New Model for Managing in the Age of Persuasion.* New York: Simon & Schuster, 1998.

[5] Edgar H. Schein. *Organizational Culture and Leadership.* New York: Jossey-Bass Inc., 1992.

6 Peter Keen. *The Process Edge*. Boston: Harvard Business School Press, 1997.

7 Wendy Briner et al. *Project Leadership*. Hampshire, UK: Gower Publishing, 1990.

8 Robert A. Anthony. *Essentials of Accounting*. Reading, MA: Addison-Wesley, 1993.

9 William R. Daniels. *Group Power II: A Manager's Guide to Conducting Regular Meetings*. San Diego: University Associates Inc., 1990.

10 *Design Management Journal*. Verão 1998:13

CAPÍTULO 11

1 Cohen, J. L. Sustaining the Global Competitive Advantage of Strategic Design Differentiation. *Proceedings of Tsinghua International Design Management Symposium*. Beijing, China, 2009, p. 207.

2 Conley, J. G.; Berry, J. et al. Inventing Brands: Opportunities at the Nexus of Semiotics and Intellectual Property. *Design Management Review*. 2008.

3 Cohen, J. L. Law Meets Design: Transforming Valuable Designs into Powerful Assets. *Design Management Review*, Primavera, 2006.

4 Conley, J. G. The Competitive Edge: Using Brand Identity to Reinforce Market Value. *Innovation Journal of IDSA*. Dez. 2005.

5 Cohen, J. L. Managing Design for Market Advantage: Protecting Both and Function of Innovative Designs. *Design Management Review*. v.15, n. 1, 2004, p. 82.

6 Cohen, J. L. Sustaining the Competitive Edge of Design Innovations: Strategies for Protecting the Fruits of Design Thinking in Postmodern Organizations. *Proceedings of International DMI Education Conference*. 14-15 abril 2008. ESSEC Business School, Cergy-Pointoise, França, 2008.

7 Caplan, R. *By* Design: *Why there are no locks on the bathroom doors in the Hotel Louis XIV and other object lessons*. McGraw-Hill, 1982.

8 Cohen, J. L. Strategies for Integrating IP Review into New Product Development Processes. *Visions Magazine*. Product Development and Management Association. Set. 2006.

ÍNDICE REMISSIVO

A

Acompanhamento
  critérios, 124
  e avaliação, 39
Administração superior, 43, 185
Advogados, 47
Aeronaves, 57
Alta administração, 103
Alta tecnologia, 109
Alto dirigente, 76
Análise
  financeira, 115
  setorial, 56, 167, 169
  visual, 179
Aparelho eletrodoméstico, 68
Apêndice, 87, 188, 189

Apple, 137
Apresentação
  do projeto, 69
  de terceiros, 128
Arte, 34
Artista, 34, 104
Aspectos funcionais, 155, 156
Assunto estratégico, 36, 48
Atitude positiva, 196
Atraso na proteção dos direitos, 157
Autoconcorrência, 63
Autonomia administrativa, 109
Avaliação
  em grupo, 198
  externa, 85
  dos resultados, 69
Aviões comerciais, 57

B

Barreiras pessoais, 194

Ben & Jerry, 62

Benchmarking, 90

Briefing, 49

  blocos, 72

  definição, 49

  equipe, 49, 56, 77

  formato, 26, 51

  perfeito, 165

  revisão, 77

  revisão final, 76

  verbais, 33

Burocracia, 113, 114

C

Campanha publicitária, 149

Capacidade

  de coordenação, 135

  criativa, 136

  técnica, 135

Características inéditas, 154, 159, 161

Cargo gerencial, 139

Cartões

  comemorativos, 61

  de Natal, 62

Catálogo, 45, 48

  chocante, 46

Centro

  de custo, 113

  de excelência, 101

Chaleira, 35

Chefia e liderança, 135

Cliente, 42

Clima de excitação, 122

Comissão de design, 43

Comunicação

  falha de, 96

Conceito

  criativo, 31, 180

  selecionado, 162

Concorrentes, 32, 58, 59, 89, 91, 169

  análise, 89, 91

  produtos, 93

Concurso de beleza, 125

Condições de trabalho, 196

Confiança, 119

  mútua, 42

Confidencialidade, 165

Consultor de transporte, 36, 111

Consumidor, 32, 124, 172

  fidelidade, 92

fidelização, 156

jovens, 172

tradicionais, 169

Contrato formal, 185

Contribuições reais, 197

Credibilidade, 81, 118, 128

Criação

de oportunidades, 30

de valor, 97, 208

Critérios de avaliação, 151

Critérios intrínsecos, 122

Cultura organizacional, 137

Cursos

de atualização, 211

de design, 122, 137

de graduação, 206

de oratória, 129

Custo-benefício, 161, 188

D

Decisões estratégicas, 197

Demandantes, 44, 65

Demandas judiciais, 160

Desenho industrial, 156

Design

características, 155

corporativo, 99, 101

equipe interna, de, 37

estratégia de, 64, 72, 76, 81, 82, 145, 177, 178

função do, 100, 111, 147

gráfico, 45, 68, 90, 104, 121, 149

aluno de, 122

grupos internos, 78, 113

padrão, 166

papel do, 107

política de, 110

potencialidades, 107

profissão de, 112

solução de, 117, 123, 148, 149, 154

valor do, 97, 100, 115, 118, 207, 208

valorização, 145

professor, 121

Design Management Journal, 99

Detalhes metodológicos, 125, 126

Diferenças regionais, 183

Digital Equipment Corporation, 113

Direção superior, 117

Direitos

autorais, 47

invasão de, 157

Dirigentes

não designers, 55

superiores, 125

Discussões

prolongadas, 72

subjetivas, 128

DMI, 32, 95, 132, 133, 136, 140, 205, 207

seminários, 207

Documento escrito, 29

Domínio público, 161

Duas colunas, 65

E

Elementos estéticos, 155

Embalagem, 29, 31, 32, 59, 149, 173

Empresa

benefícios para, 125

de design, 113

eletrônica, 106

empregados da, 210

estratégia da, 38, 60, 144, 145, 146

função da, 201

metas estratégicas, 142

missão da, 58

negócios da, 50, 125

objetivos, 148

objetivos estratégicos, 149, 198

pessoas-chave da, 210

presidente, 129

valores, 140

Empresa-mãe, 111

Empresas filiadas, 109

Engenharia, 141

Entrevista, 103

Equipes

internas, 89

motivadas, 136

Escolas de design, 112

Escritório

de design, 43

externo, 62, 78, 86, 113, 116

Espaço físico, 196

Estacionamento

sistema de, 127, 149

Estado da arte, 160

Estética, 117, 125, 150

aspectos da, 135

Estilo padronizado, 110

Estima, 124, 127

Estratégia empresarial, 62, 112

Eventos internacionais, 118

Executivos

Desenvolvimento de, 206

F

Falha na proteção dos direitos, 157

Fases

descrições, 67, 72

do projeto, 66, 68

Fatores estratégicos, 143

Feiras, 118

de indústrias, 92

e exposições, 210

Fórmula mágica, 22

Fórmula PAR, 199

Formulário, 38, 65

Fracassos, 200

Frankenstein, 84, 125

Futuro da empresa, 115

G

General Motors, 63

Gerente de design, 76, 77, 101, 106, 109, 131, 132, 134, 135, 136, 138, 140, 144, 154, 195, 203, 207

Gerente de projeto, 69, 79

Gerentes não designers, 38, 98, 102, 103, 113, 148, 205, 210

Gerentes regionais, 116, 117

Gestão de design, 131, 132, 133, 140, 141, 143, 144, 145

Gillette, 47, 63, 193

Gillette, 47, 63, 193

GM, 63

Grandes empresas, 205

Grupos de design, 98, 104, 180

H

Habilidades técnicas, 138

HOW Magazine, 122

I

IBM, 63

Identidade corporativa, 43, 141

Imagem

corporativa, 54

moderna, 59

visual, 28, 133, 142, 143

Incêndio, 195

Indústria gráfica, 78

Ingredientes, 27, 28-29, 47, 96

Inovações, 154

Investimento

retorno do, 150, 155

J

Janela de oportunidade, 90

Jargões técnicos, 123

Jogo de empurra, 79

Jurídico

    departamento, 111

L

Licenciamento, 161

Liderança, 135

Linguagem dos negócios, 38, 84, 112, 208

Linha de produtos, 55

Lista

    de obstáculos, 202

    de percepção, 192

    de produtos, 58

Logomarca, 45, 108, 109, 126, 127

Longo prazo, 143

M

Mapa de navegação, 28

Marca, 47, 59, 156

Marketing, 32, 35, 117, 141, 169, 210

Materiais gráficos, 179

Matriz, 110, 116

    design da, 116

    estilo da, 109

Matriz projetos por produtos, 175, 185

MBA, 206

McDonald's, 56, 57

Médico, 42

    de família, 112

Melhoria da qualidade, 174

Mercado

    global, 61, 167

    globalizado, 166

    internacional, 116

    mundial, 168, 205

Mercadológicos

    aspectos, 46

    resultados, 46

Militares

    exercícios, 200

Missão, 144

Modelos

    básicos, 171

    especiais, 171

    superiores, 171

Modismos, 170

Mudança de mentalidade, 73

Mundo dos negócios, 122, 123, 206

N

Não designers, 36, 112, 119

Necessidades

  de design, 201

  específicas, 118

Negócios

  Problemas dos, 119

    objetivos dos, 64, 65, 72, 76, 83, 118, 124, 149, 177, 178

    riscos aos, 68

Níveis hierárquicos, 84

Northern Telecom, 99, 114

Novos conceitos

    geração de, 161

O

Objeções prováveis, 126

Obstáculos

  ambientais, 194

  pessoais, 191, 192

Opiniões

  pessoais, 82, 83

  subjetivas, 150

Orçamento

  disponível, 30

  do grupo, 138

  próprio, 211

Organização informal, 136

Organograma, 107

P

Parceiro, 42, 43, 112

  estratégico, 111

Participantes externos, 50

Patente, 156

  em vigor, 160

Pequena empresa, 110

Pesquisa

  de mercado, 169

  de marketing, 172

Pessoas-chave, 52, 84

Pessoas idosas, 171

Propriedade Intelectual (PI), 153

  consultores de, 156, 157, 158, 159, 162

  direitos de, 155

  registro de, 157

Plano

de ação, 202, 203, 209

  específico, 200

estratégico, 141

Pontos

críticos, 198

fortes, 161, 200

fracos, 200

de venda, 48

Portfólio, 54, 55, 67, 123, 173, 178, 185

Preços competitivos, 168

Preços e promoção, 59

Prêmio de design, 148, 150

Presidente da empresa, 117

Prestador de serviços, 114

Proativo, 209

  profissional, 73

Problemas reais, 105

Processo educativo, 73

Proctor & Gamble, 63

Produção industrial, 30

Produto

  características, 31

  estética, 107

  tradicional, 170

Programa de computador, 26

Projeto

  abrangência, 175

  acompanhamento, 77, 126

  análise final, 182

  aprovação, 121, 127, 129

  aprovação final, 69, 123, 124

  de design, 35, 158

  equipe de, 44

  equipe integrada de, 158

  específico, 68

  fases, 66, 68

  implementação, 69, 126

  objetivo, 44, 83, 147

  proposta, 37

  resultados, 151

Projeto de design, 33, 35, 47, 114, 158

Propaganda, 116

Propriedade

  industrial, 47, 90

  intelectual - PI, 153

Público-alvo, 31, 60, 61, 76, 85, 86, 126, 149, 210

Q

Quadro-negro, 121

Qualidade

  melhoria da, 174

  superior, 170, 174

R

Recursos humanos, 196

  consultor de, 193

Recursos necessários, 138

Rede

  de contatos, 201

  de informações, 118

Relacionamento humano, 138

Representantes regionais, 181

Reuniões de alto nível, 106, 107

Riscos potenciais, 161

S

Sala de guerra, 90

Saturação do mercado, 170

Serviços

artísticos, 209

decorativos, 34, 117

Sigilo, 162

Sistema de custeio, 114, 115

Soluções

brilhantes, 118

estéticas, 119

fabulosas, 149

de problemas, 34, 199

Sucessos e fracassos, 198

Sumário executivo, 54, 56, 123, 166

T

Tamanho das letras, 127

Taxa horária, 113

Taxista, 36, 111

Teia de relacionamentos, 111

Tendências, 60, 187

Término da ação, 200

Testes informais, 187

Trabalho colaborativo, 111

Treinamento militar, 198

U

Uso exclusivo, 154

V

Valor

adicionado, 103

Valor do design, 112, 145, 210

Valores pessoais, 104

Vantagem competitiva, 81, 91, 133

Venda

pessoal, 61

Vendedores, 93

Viabilidade

estudo de, 162

Visão

abrangente, 176

estratégica, 207

a longo prazo, 115

do futuro, 141

Volume de vendas, 70

X

Xampu, 60

GRÁFICA PAYM
Tel. [11] 4392-3344
paym@graficapaym.com.br